CW00481439

BABINES EN CUISINE

FRIANDISES MAISON POUR VOTRE CHIEN

BABINES EN CUISINE

FRIANDISES MAISON POUR VOTRE CHIEN

Recettes saines et de saison, conseils nutrition

Sean McCormack
avec la participation d'Hélène Gateau

Table des matières

Avant-propos

—

Hélène Gateau

Si vous tenez ce livre entre vos mains, c'est que, tout comme moi, non seulement un chien partage votre vie, mais surtout vous portez une attention toute particulière à son alimentation et... à son plaisir.
Et vous avez bien raison.

Pour nos chiens, comme pour nous, une alimentation de qualité revêt une importance primordiale, quel que soit l'âge. Elle assure une bonne croissance, elle fournit l'énergie nécessaire aux activités quotidiennes et à l'apprentissage, elle soutient les différentes fonctions du corps, aide à stimuler le système immunitaire et à prévenir l'apparition de maladies. Bref, il nous appartient de choisir pour notre chien une alimentation bien équilibrée et adaptée, gage d'une vie plus longue et en meilleure santé !

Mais ce qui est valable aussi pour nos chiens, comme pour nous, c'est la dimension plaisir de la nourriture et la notion de partage et de lien qui se crée à travers les repas.

Même s'ils sont moins fins gourmets que nous, nos chiens ont du goût et sont capables de distinguer toutes les saveurs des aliments : salé, sucré, amer, acide. Et en évoluant à nos côtés, leurs goûts ont changé ! Saviez-vous par exemple que les chiens ont acquis la préférence de la viande cuite (donc cuisinée) à la viande crue ?

Mon chien, Colonel, un Border terrier, que vous découvrirez dans les pages suivantes et qui a été un testeur assidu de toutes les recettes, en est le parfait exemple : parfois, le boucher lui donne un morceau de fémur de bœuf, bien charnu, qu'il est capable de snober. En revanche, l'odeur d'une viande mitonnée ou des grillades à la plancha l'été lui fait perdre toute sa (bonne) éducation.

Vous avez aussi sûrement noté que lorsqu'on donne à notre chien un petit morceau de ce qu'on a dans l'assiette, quelque chose d'un peu gourmand, il ponctue la dégustation (souvent très rapide) par des petits claquements de langue et un pourléchage intense des babines : il s'est régalé, il nous en est reconnaissant et il nous aime encore plus (oui, admettons-le, la nourriture permet d'acheter un peu l'amour de notre chien).

Cependant, ce n'est pas idéal de partager nos repas avec notre chien : nous mangeons plus salé, plus gras, certains ingrédients sont même toxiques pour eux (ils sont d'ailleurs rappelés dans ce livre), et cela favorise un comportement de quémandage. Alors pour ne pas priver notre chien de ces petits plaisirs du quotidien (et ne pas nous priver de sa gratitude éternelle), il fallait une alternative aux friandises industrielles et aux restes de nos repas ! Aussi, lorsque Sean McCormack, vétérinaire comme moi, mais en Angleterre, m'a proposé de collaborer sur ce livre de friandises pour chien et conseils nutrition, j'ai trouvé l'idée formidable !

On a tous l'habitude d'avoir des babines en cuisine, mais là, ces recettes simples, ludiques et saines sont pour eux ! Et pour finir de vous convaincre, tout a été testé et approuvé par Colonel et ses camarades.

Introduction

Les chiens sont des membres à part entière de notre famille. Quel meilleur moyen de renforcer nos liens qu'en partageant des instants de plaisir autour de friandises saines et savoureuses ? Une chose est sûre, je ne me lasserai jamais de la petite danse d'impatience à l'heure du repas !

J'ai grandi avec des chiens. Mon premier, un petit terrier blanc du nom de Sheba, est à mon humble avis le meilleur chien que le monde ait connu. Sheba était mon acolyte et je garde de précieux souvenirs des petits repas que je préparais spécialement pour elle. Après tout, on se faisait plaisir, alors pourquoi ne pas la gâter elle aussi ? Pour Noël, je sortais le grand jeu ; pour son plus grand bonheur !

Les recettes que je vous présente ici sont inspirées de mes nombreuses et heureuses années auprès de chiens : Sheba mais aussi tous les chiens que j'ai pu rencontrer au cours de ma vie professionnelle. Apprendre à comprendre son fidèle compagnon et ses préférences, lui inventer des recettes à son goût, le récompenser et le régaler : pour moi, ce sont des éléments importants et gratifiants de la relation chien-maître. Je veux vous aider à créer des friandises maison pleines de saveurs, gourmandes et toujours nutritives, que vous pouvez donner sereinement à votre chien.

Avant tout, j'aimerais démarrer avec les bases de l'alimentation. Les bons conseils et connaissances vous aideront à prendre les meilleures décisions en ce qui concerne le régime de votre chien, son poids et sa santé générale. Pour une longue vie heureuse et en bonne santé, j'ai trois règles de base :

> L'avantage de créer vos propres friandises est que vous savez exactement ce que vous donnez à votre chien

Adaptez bien son alimentation

Chaque chien est unique, alors pour bien nourrir chaque individu, rien ne vaut une alimentation adaptée, voire sur mesure. Par exemple, mon collègue à quatre pattes, le Border terrier Monty, a l'estomac très sensible. La plupart des friandises du commerce lui causent des désagréments, donc on évite (encore plus au bureau !).

Avec des friandises à base d'ingrédients simples et frais et un régime sans céréales, sa digestion est bien meilleure. Sa gourmandise préférée : les Petits cakes pour petit-déj' (p. 66).

Choisissez les bons ingrédients

Les ingrédients que j'ai choisis pour les recettes de ce livre ont leur importance. L'avantage de créer vos propres friandises est que vous savez exactement ce que vous donnez à votre chien : de bons légumes frais, de la viande maigre ou encore des « super-aliments » pleins de bénéfices pour des articulations un peu raides ou un poil trop terne.

Servez les bonnes quantités

Enfin, comment écrire un livre de friandises pour chiens sans parler du problème (grandissant) de l'obésité animale ? En portant une attention particulière au régime, au poids et à la santé générale de votre chien, et surtout en vous assurant de le nourrir en quantités adéquates, vous lui assurez une vie longue, saine et heureuse.

Au fil des années j'ai pu discuter avec des milliers de propriétaires préoccupés par les problèmes de santé de leurs chiens et, en particulier, par leur régime alimentaire et la gestion de leur poids. Le surpoids ou l'obésité ont un impact sur le quotidien de votre chien même si, souvent, il ne le montre pas.

Un excès de poids ralentit même le plus joueur des chiens ; il n'épargne pas les articulations déjà raides ; il rend l'activité physique difficile ; et même le fait de monter sur le canapé, dans la voiture ou en haut des escaliers peut être compliqué.

En tant que vétérinaire, rien ne me satisfait plus que d'aider un chien à se débarrasser du poids accumulé au fil des années. L'immense majorité des propriétaires me disent « C'est incroyable comme ça l'a changé ! On dirait de nouveau un chiot ! »

C'est un plaisir de pouvoir travailler avec Monty et le reste de l'équipe tails.com, mais aussi avec Hélène Gateau, vétérinaire, chroniqueuse passionnée et heureuse propriétaire d'un Border terrier. En réunissant nos connaissances en matière de santé et d'alimentation canine, notre ambition est de vous aider à prendre les meilleures décisions pour régaler votre chien. Hélène a contribué à ce livre avec des recettes originales, savoureuses et nutritives et je suis certain que vous et votre chien allez les adorer.

Si on veut faire plaisir à nos chiens, autant en tirer un maximum de bénéfices. Servies avec modération, en complément d'un régime alimentaire équilibré, des friandises saines et savoureuses introduisent plus de variété dans l'alimentation. Elles peuvent s'avérer très efficaces pour l'entraînement et l'éducation et – bonus et non des moindres – aider à renforcer ce précieux lien qui vous unit à votre chien.

– *Sean*

Des friandises saines et savoureuses peuvent aider à renforcer ce précieux lien qui vous unit à votre chien

L'alimentation du chien

Adaptez bien son alimentation

Chaque chien est unique

Chaque chien est unique. Les besoins diffèrent au sein d'une même race, voire d'une même portée. Alors, que prendre en compte pour définir les besoins individuels d'un chien ? Quelques facteurs clés entrent en jeu.

La race

Certaines races sont plus sujettes à des problèmes nutritionnels spécifiques. Les dalmatiens, par exemple, sont sujets aux calculs urinaires en cas de régime mal adapté. Les races nordiques (Husky, Malamute...) peuvent avoir des carences en zinc. Il y a aussi des considérations plus générales. Les chiens de travail, comme les bergers, collies et épagneuls, ont besoin de plus d'énergie car ils sont souvent très actifs. Enfin, les grands chiens n'ont bien sûr pas les mêmes besoins caloriques que les plus petits et auront besoin de nutriments différents à chaque stade de leur développement.

L'âge et le stade de développement

Un chiot n'a pas besoin des mêmes nutriments qu'un chien adulte ou senior. Il doit consommer beaucoup de calories et, pour accompagner sa croissance, une part importante de ces calories doit provenir des protéines. Des protéines facilement assimilables et digestibles de préférence (poulet, poisson), puisque les chiots ont souvent l'estomac sensible.

À cet âge, le système immunitaire d'un chiot se consolide. Il est donc important de lui fournir une alimentation riche en antioxydants provenant de légumes. Au fil de sa croissance, un ratio équilibré entre le calcium et le phosphore est indispensable pour le bon développement de son ossature, et le préservera à l'avenir de problèmes osseux.

Les petites et grandes races évoluent à des rythmes différents. Par exemple, un chiot Chihuahua et un chiot de race géante, comme un dogue allemand, ont des besoins très différents afin d'assurer une croissance optimale. C'est un sujet passionnant ! Si c'est quelque chose qui vous intéresse, je vous conseille d'en discuter avec votre vétérinaire.

J'entends souvent les propriétaires de chiens dire : « Il a pris beaucoup de poids après la castration ! ». La plupart du temps, celle-ci a en fait lieu à la période où le chien devient adulte et où son poids se stabilise. Sans contrôle de l'apport calorique à partir de ce moment-là, le poids peut commencer à grimper. On sait bien comme les adolescents humains peuvent manger, manger... et ne pas prendre de poids. Pour les chiens, c'est similaire. Rappelons que lorsqu'ils atteignent la maturité, leur métabolisme ralentit légèrement. Il faut alors s'assurer de leur servir une quantité de nourriture adaptée à l'intensité de leur dépense physique.

Les chiens plus âgés, eux, peuvent tirer profit d'ingrédients axés sur le soutien articulaire, comme l'huile de saumon à l'action anti-inflammatoire. De nombreuses races perdent du muscle et peuvent maigrir avec l'âge. Un peu plus de bons lipides pourront les aider à maintenir une forme optimale.

> Les petites et grandes races évoluent à des rythmes différents

LE SAVIEZ-VOUS ?

Les plus petites races de chiens grandissent bien plus vite que les grandes. Alors qu'un Chihuahua finit de grandir dès 9 ou 10 mois, un dogue allemand peut grandir pendant 24 mois voire plus. Les petites races tendent aussi à vivre plus longtemps.

> L'alimentation fait partie intégrante de la santé

Le poids

Si votre chien est en surpoids, il faudra diminuer ses quantités de nourriture, y compris les friandises maison. Un peu plus d'exercice physique sera aussi très bénéfique… et pas forcément désagréable : les chiens adorent passer du temps avec nous et une promenade énergique pour eux, ce n'est pas comme un footing forcé pour nous ! Après tout, ça nous fait bouger aussi, donc tout le monde est gagnant.

Si votre chien est trop maigre, augmentez son apport calorique avec des aliments plus nutritifs ou des quantités de nourriture plus importantes. Je vous en dis plus sur les problèmes de poids dans la section Servez les bonnes quantités (p. 39).

Les problèmes de santé

La magie de la nutrition c'est que je peux, en tant que vétérinaire, aider beaucoup d'animaux rien qu'en formulant des recommandations sur leur régime. L'alimentation fait partie intégrante de la santé. Saviez-vous que les troubles digestifs et les problèmes cutanés font partie des motifs de consultation les plus courants ? Les deux peuvent dépendre de l'alimentation, et je propose dans ce livre de nombreuses recettes contenant des ingrédients bénéfiques pour les chiens souffrant de différents problèmes, comme des démangeaisons (Petits cœurs cranberry et graines de lin, p. 58), des troubles digestifs (Barres aux fruits du verger, p. 86) ou encore des raideurs articulaires (Merveilleux muffins salés, p. 80).

Une alimentation riche en acides gras essentiels, comme des oméga 3 et 6, peut être bénéfique si votre chien a la peau sèche et irritée (ce qui peut aussi être le signe d'une allergie alimentaire). Elle aidera à booster sa fonction immunitaire et à favoriser une bonne santé cutanée. On dit souvent qu'un poil sain et brillant est le reflet d'une bonne alimentation.

Les troubles digestifs chroniques peuvent être difficiles à gérer pour les maîtres, mais surtout très désagréables pour leurs chiens. En ajustant la teneur en fibres de l'alimentation, ou en incluant des ingrédients aux nombreux bienfaits comme des prébiotiques, de la betterave ou certaines graines, vous pouvez favoriser une meilleure santé digestive. Toutefois, si le problème vient d'une intolérance alimentaire, il faudra avant tout exclure les ingrédients coupables.

Les allergies et intolérances

Nos chiens consomment souvent une large variété d'aliments, friandises, restes et autres extras. En cas de réaction allergique, il peut donc être difficile de mettre le doigt sur le coupable. Pour compliquer la tâche, les allergies alimentaires ou en lien avec l'environnement se manifestent souvent de la même façon.

Commencez par simplifier la liste d'ingrédients que consomme votre chien (n'oubliez pas les friandises), en excluant les suspects (sachant que les allergènes les plus communs sont souvent d'origine animale). Si vous trouvez difficilement l'ingrédient à problème, n'hésitez pas à demander conseil à votre vétérinaire. Certaines marques d'alimentation pour animaux de compagnie disposent d'excellents services clients, avec des nutritionnistes canins pour vous accompagner. C'est ce qui m'anime dans le travail que nous faisons chez tails.com : nous aidons individuellement des clients aux problématiques bien spécifiques.

Quand vous choisissez une alimentation pour votre chien, prenez en compte tous ses besoins individuels : il ne s'en portera que mieux.

Le tempérament

J'aimerais aussi parler du tempérament, même si le lien entre celui-ci et l'alimentation est moins évident que les bienfaits physiologiques des ingrédients. Tout porte à croire que certains aliments peuvent aider les chiens particulièrement anxieux ou peureux.

Parmi les ingrédients pouvant avoir un impact, il y a la dinde, la camomille et la citrouille (je vous en dis plus en pages 26–35). J'ai inclus ces ingrédients dans certaines

Certains aliments
peuvent aider
les chiens
particulièrement
anxieux ou peureux

recettes comme les Bouchées apaisantes aux graines de courge (p. 95) et les Palets brocoli, dinde et fruits secs (p. 109), pour apporter un peu de réconfort à un animal un peu anxieux.

Je vous encourage à être réaliste dans vos attentes. Si votre chien est totalement affolé pendant les feux d'artifice, la nourriture et les compléments peuvent aider à le calmer mais ne sont pas des remèdes miracles. Seul un travail progressif de désensibilisation pourra aider votre chien à faire face à ces situations stressantes.

RÉSUMÉ :

– Chaque chien a des besoins nutritionnels qui lui sont propres.

– Une bonne alimentation à chaque étape de la vie de votre chien aidera à prévenir de futurs problèmes.

– Si votre chien est en surpoids, diminuez les quantités de nourriture et augmentez l'activité physique.

– Il existe des aliments pouvant aider à soulager certains problèmes de santé, comme des troubles digestifs ou cutanés.

– Les allergies et intolérances alimentaires doivent être identifiées et les ingrédients à problème exclus.

– Certains ingrédients peuvent aider à calmer les chiens anxieux.

Choisissez les bons ingrédients

Pour mes recettes, j'ai choisi tous les ingrédients selon leurs bienfaits.

Ces ingrédients sont bénéfiques pour la forme générale de votre chien, peuvent avoir des vertus pour sa santé, ou sont tout simplement goûteux.

J'ai classé les différents ingrédients utilisés en protéines et lipides, glucides, fruits et légumes, et compléments alimentaires. Je suis un mordu de nutrition, c'est un sujet captivant ! J'espère que vous trouverez utiles et intéressantes ces explications sur les caractéristiques de chaque composant.

LE SAVIEZ-VOUS ?

Certains éléments sont indispensables à une bonne santé articulaire. C'est le cas par exemple de la glucosamine, que l'on trouve notamment dans le poulet.
Elle joue un rôle dans le bon fonctionnement des ligaments, des tendons, du cartilage et du liquide synovial.

Protéines *et* lipides

Les protéines fournissent des acides aminés, éléments nécessaires pour la croissance, l'entretien et la réparation de l'organisme de votre chien. Les protéines proviennent de sources végétales et animales, toutes fournissant des associations différentes d'acides aminés. Les chiens ont besoin de dix acides aminés essentiels pour se porter au mieux. Votre chien peut recevoir les dix via une ration quotidienne complète et équilibrée, et mes friandises pourront apporter un petit plus nutritionnel.

L'apport de « bons » lipides est indispensable pour de nombreuses fonctions organiques, dont le maintien de la santé articulaire et de la barrière cutanée (avec, à la clé, un beau poil soyeux). Mais tous les lipides ne se valent pas : des oméga 3 provenant du saumon, par exemple, seront bien plus sains que des lipides saturés trouvés dans le lard. Comme tous les lipides sont riches en énergie, ils peuvent entraîner une prise de poids en cas d'excès. Attention aux portions donc, surtout dans les friandises.

AGNEAU : source de protéines savoureuse et nutritive, l'agneau est également hypoallergénique pour beaucoup de chiens. Si votre chien a des réactions indésirables à de nombreux aliments, l'agneau pourrait être une solution de remplacement. De plus, l'agneau nourri à l'herbe contient de l'acide linoléique conjugué qui peut aider à optimiser le métabolisme des lipides. Mais soyons réalistes, l'agneau n'est pas un anti-graisse magique. Comme pour tout, des quantités trop importantes entraînent une prise de poids.

AMANDES : une petite quantité d'amandes moulues dans des friandises apporte des protéines et un goût subtil apprécié des chiens. Allez-y doucement : les amandes sont riches en matières grasses. Les noix entières peuvent présenter un risque d'étouffement et ne sont généralement pas recommandées pour les chiens.

BACON : sous forme de tranches rondes, il est bien moins gras que la version américaine ou britannique (ou tranches de poitrine fumée), mais reste riche en saveurs et arômes très appétissants (si vous utilisez des lardons, pensez à retirer les morceaux de gras visibles). C'est un aliment très protéiné mais très salé. Une faible quantité suffira dans une recette. L'aspect irrésistible du bacon se révèle pleinement dans mes Croustilles pomme-bacon (p. 91). Votre chien sera prêt à apprendre les numéros les plus fous avec ces petites bouchées ! Du fait de la teneur en sel du bacon, les friandises en contenant sont à éviter chez les chiens âgés ou ceux souffrant de problèmes rénaux.

BŒUF : une excellente source de protéines de qualité, riche en acides aminés essentiels, vitamines et minéraux, et un goût que la plupart des chiens apprécient. Choisissez des morceaux maigres et du bœuf haché maigre, car en plus de la teneur en calories, une quantité excessive de gras peut perturber la digestion.

CACAHUÈTES ET BEURRE DE CACAHUÈTES : ces riches sources de lipides et de protéines ne sont pas particulièrement bien équilibrées et ne doivent donc pas être un aliment de base. Toutefois les chiens adorent le goût et la texture du beurre de cacahuète. Il est parfait comme friandise de divertissement, enduit dans un jouet Kong ou sur un tapis de léchage. Plutôt calorique, il est à utiliser avec modération. Enfin, veillez toujours à proposer du beurre 100 % cacahuètes, sans huile, sel, ni édulcorants ajoutés (le xylitol est toxique pour les chiens).

CANARD : source de protéines mais aussi de fer, adaptée aux chiens souffrant d'allergies alimentaires. Son goût prononcé est généralement apprécié. Évitez de servir la peau, qui peut être très grasse.

CŒUR : les abats sont une source très nutritive de protéines maigres, de vitamines et de minéraux importants comme le fer — et les chiens adorent leur goût. Vous pouvez vous procurer du cœur de bœuf ou d'agneau auprès de votre boucher, ou parfois au rayon boucherie de votre supermarché. Je sais que l'idée d'acheter des abats ne plaît pas toujours, mais je crois fermement que si on mange de la viande, on doit essayer d'utiliser l'animal entier, que ce soit pour notre propre consommation ou pour nos animaux de compagnie.

FOIE : une excellente friandise occasionnelle, nutritive et savoureuse. Il est riche en nutriments, avec des teneurs élevées en acides aminés, graisses et vitamines A et B, ainsi qu'en minéraux comme le cuivre, le fer et le zinc.

JAMBON : le jambon peut être utilisé comme friandise occasionnelle. De par son appétence, c'est une récompense qui aura de la valeur pour l'entraînement, les jeux et les défis. Veillez à ne pas utiliser de jambon trop transformé ou salé. Choisissez-en un sans arômes, colorants ou conservateurs artificiels.

LAIT : le lait est une source de protéines et la plupart des chiens en apprécient le goût mais le tolèrent mal car il contient du lactose. Dans les recettes, utilisez un lait sans lactose ou du lait d'avoine.

ŒUFS : excellente source de protéines, ils sont considérés comme ayant le profil d'acides aminés parfait pour les chiens, car tous les acides aminés essentiels sont présents en quantités équilibrées.

ŒUFS DE TRUITE : délicats et parfumés, les œufs de truite sont riches en oméga 3 et apportent de nombreux bénéfices, notamment pour la peau, l'immunité, la vision et le développement mental.

POULET : une source de protéines maigre, très digeste, qui comprend de nombreux acides aminés, ainsi que des oméga 6 pour une peau saine et de la glucosamine pour soutenir la santé articulaire.

ROGNON : un abat très nutritif que vous pouvez vous procurer auprès de votre boucher ou au rayon boucherie du supermarché. Les chiens raffolent de son goût (testez et vous verrez).

SAUMON : c'est un véritable super-aliment, avec de nombreux bienfaits pour la santé de chiens de tous âges et avec des besoins nutritionnels spécifiques. Très digeste, il est particulièrement adapté aux chiens à l'estomac sensible. Le saumon est idéal pour les vieux golden souffrant de raideurs articulaires ou de douleurs arthrosiques, car il est riche en acides gras oméga 3 aux propriétés anti-inflammatoires reconnues. Il est également idéal pour les jeunes chiens en croissance, car l'acide docosahexaénoïque (DHA) — un acide gras oméga 3 — contribue au développement du cerveau et du système visuel, favorisant l'apprentissage et la socialisation. C'est une bonne source de vitamine B12, de choline, de potassium et de sélénium, qui contient en plus de puissants antioxydants.

DINDE : le blanc de dinde est une fabuleuse source de protéines maigres, saine et très digeste. Bonus : il a l'avantage d'être riche en acide aminé tryptophane, utilisé par les chiens (et les humains) pour produire la sérotonine, une hormone apaisante. Une friandise à la dinde dans les périodes d'anxiété pourrait s'avérer utile.

THON : riche en protéines et en acides gras essentiels, allié de la peau, du poil, et des fonctions cérébrales et immunitaires, le poisson est, en règle générale, excellent pour les chiens. Le thon est un bon exemple mais ne doit pas être proposé tous les jours car il contient souvent plus de mercure que les autres poissons.

Glucides

Les glucides sont d'excellentes sources d'énergie pour le quotidien animé d'un chien, des courses-poursuites aux promenades en passant par les jeux à la maison. C'est une part importante du régime alimentaire et la teneur en glucides doit être équilibrée avec celle des protéines.

Malgré certaines affirmations, les chiens ne sont pas exclusivement carnivores mais bien omnivores, ayant évolué, à nos côtés, pour se nourrir d'ingrédients d'origine animale et végétale. Les céréales et grains complets sont de très bonnes sources de glucides à libération lente, de fibres et de vitamines B, ainsi que de nombreux minéraux importants. Pour des raisons diverses, dont les allergies et intolérances, certains chiens se portent mieux avec une alimentation sans céréales. Mais la plupart des régimes sans céréales contiennent tout de même des glucides, pour fournir l'énergie dont votre chien a besoin. Ceux-ci peuvent provenir d'autres sources nutritives et savoureuses, comme les pommes de terre.

AVOINE (FLOCONS D'AVOINE) : une source d'énergie glucidique à libération lente très nutritive et facile à digérer. Riche en fibres, vitamines B, zinc, fer, manganèse, phosphore et sélénium.

BLÉ : sous sa forme complète, le blé est très nutritif. C'est une excellente source de glucides énergétiques, ainsi que de fibres, de vitamines B et de manganèse minéral. Le blé est un ingrédient très mal compris ; une protéine du blé, appelée gluten, est difficile à digérer pour certaines personnes. Mais contrairement aux humains, la maladie cœliaque ou une véritable allergie au gluten sont très rares chez le chien. Si votre chien réagit aux aliments contenant du blé, j'ai inclus des alternatives sans gluten pour des recettes comme mes Brioches de Pâques (p. 61).

POMMES DE TERRE : source de glucides très digeste et excellente source de vitamines C et B6, ainsi que de potassium, bon pour l'immunité et la production d'énergie. Également source de protéines végétales, elles complètent les acides aminés présents dans les protéines de viande et de poisson.

QUINOA : une céréale populaire et pour cause, c'est une source de glucides complexes idéale pour les chiens souffrant d'allergie au blé ou d'intolérances à d'autres céréales. Ce super-aliment regorge de minéraux et de vitamines B et E, ainsi que de fibres bénéfiques pour la santé intestinale. Pour qu'il soit digeste, veillez à bien le cuire.

RIZ (OU FARINE DE RIZ) : source de glucides et de protéines très digeste pour l'estomac. Il apporte de nombreux nutriments naturels, notamment des vitamines B et du fer. Si possible, optez pour du riz complet qui contient plus de fibres.

SARRASIN : les graines cuites sont une excellente source de glucides, et donc d'énergie, tant pour les chiens que pour les humains. Riches en minéraux (manganèse, fer, cuivre, magnésium, phosphore), elles sont dépourvues de gluten et peuvent être une alternative au blé. N'utilisez que les graines cuites, car la plante elle-même peut être mal tolérée.

Fruits *et* légumes

Les fruits et légumes sont des composants importants du régime alimentaire de votre chien. Ils sont gorgés de vitamines et minéraux ultra-sains, ainsi que de fibres utiles pour une bonne santé digestive. Beaucoup sont sources d'antioxydants, des composants naturels comme certaines vitamines et extraits de plantes (caroténoïdes et polyphénols). Ils aident à renforcer les défenses immunitaires et à protéger le corps contre le vieillissement cellulaire. Des friandises veggies permettent de gâter un peu les chiens en surpoids, sans l'excès calorique de certains ingrédients. De ce que j'ai vu, les carottes et haricots verts crus font quasi l'unanimité auprès des chiens !

BANANE : la plupart des chiens que je connais adorent les bananes. Elles sont réputées riches en potassium, bon pour les systèmes nerveux et musculaire. Elles peuvent être sucrées et caloriques, donc sont à consommer avec modération.

BETTERAVE : très bonne pour nous et pour nos chiens ! La betterave est riche en vitamine C, en acide folique, en potassium et en manganèse, ainsi qu'en fibres nécessaires à une bonne digestion.

BROCOLI : les légumes verts sont des super-aliments pour les chiens comme pour les humains. Le brocoli fournit une bonne dose de fibres, nécessaires à une digestion optimale, ainsi que de nombreux minéraux et vitamines, comme le fer.

CAROTTE : riche en bêta-carotène, transformé en vitamine A dans le corps et important pour la vision et l'immunité. C'est aussi un puissant antioxydant qui offre une protection contre le vieillissement cellulaire et soutient la santé immunitaire. Des études montrent que les taux d'absorption du bêta-carotène augmentent avec la cuisson.

CHOU : un autre légume vert sain apportant un boost de fer et d'antioxydants. Attention à ne pas trop en donner : vos narines pourraient le regretter ! Le chou (et autres légumes similaires) peut entraîner des ballonnements et flatulences chez certains chiens.

COURGE BUTTERNUT : la courge butternut est riche en bêta-carotène, utilisé par les chiens pour fabriquer de la vitamine A. Comme elle est importante pour maintenir une bonne vision, une dose régulière de vitamine A est particulièrement bénéfique pour les chiens plus âgés. La courge butternut, comme la plupart des courges, regorge également d'alpha-carotène, de lutéine et de lycopène (tous des caroténoïdes) qui stimulent le système immunitaire. Elle est riche en bien d'autres éléments bénéfiques : acide pantothénique, acide folique, niacine... Dans les recettes, vous pouvez la remplacer par de la chair de potiron ou potimarron, tout aussi intéressante !

CRANBERRY : véritables super-aliments, les canneberges contiennent un puissant antioxydant et ont une forte teneur en vitamine C. Par ailleurs, les chiens raffolent de la délicate touche sucrée qu'elles apportent aux recettes.

ÉPINARDS : une bonne source de vitamines, de minéraux et de chlorophylle. Ils contiennent une grande variété d'antioxydants : bêta-carotène, vitamine C, acide alpha-lipoïque, lutéine, zéaxanthine...

FRAISES : contiennent de bons niveaux de vitamine C et de polyphénols végétaux. Riches en sucre, elles doivent être servies avec modération. Mais elles contiennent des fibres pouvant aider à réduire les pics de glycémie.

FRAMBOISES : les fruits rouges sont une bonne source de vitamine C, de fibres alimentaires, de potassium et sont très riches en antioxydants (en particulier en polyphénols). Il est dans la nature de nos chiens de grignoter quelques baies lorsqu'elles sont de saison.

MENTHE : elle a des propriétés assainissantes et antibactériennes. Elle est donc excellente pour la santé bucco-dentaire et peut masquer l'haleine de votre chien avec son délicieux parfum.

HARICOTS VERTS : une de mes options de friandises favorites pour les chiens ayant besoin de perdre du poids. Riches en fibres, ils sont légèrement sucrés, avec un croquant que les chiens apprécient. Vous pouvez les proposer crus, cuits dans une recette ou placés dans un puzzle alimentaire avec un peu de viande maigre.

LENTILLES VERTES DU PUY : une bonne source de protéines végétales et d'acides aminés en complément des sources animales. Elles procurent également une sensation de satiété et sont donc utiles pour les chiens suivant un régime amaigrissant.

MÛRES : les mûres sont une bonne source de vitamine C, de fibres alimentaires et de potassium. Elles sont également riches en antioxydants et en particulier en polyphénols végétaux, les superstars des antioxydants !

MYRTILLES : elles regorgent d'antioxydants qui protègent les cellules et stimulent la fonction immunitaire. Tous les fruits rouges sont de bonnes sources d'antioxydants (en particulier de polyphénols) mais les myrtilles sont les mieux dotées ! Elles sont également source d'oméga-3 et regorgent de saveurs sucrées dont les chiens raffolent.

NAVET : comme les carottes et autres légumes-racines, les navets sont une excellente source de fibres solubles et insolubles, qui peuvent aider les chiens souffrant de problèmes digestifs et favoriser une flore intestinale saine.

CONSEIL !

Pour favoriser une bonne gestion du poids, proposez dès le plus jeune âge des friandises saines. La plupart des chiens raffolent autant de carottes croquantes que de biscuits bien plus gras.

PATATES DOUCES : les chiens les trouvent exquises. Elles sont très différentes des pommes de terre d'un point de vue nutritionnel ; elles contiennent beaucoup plus de fibres, sont une excellente source de vitamine A et sont riches en vitamines C et B6 ainsi qu'en plusieurs minéraux. Les patates douces sont également riches en bioflavonoïdes, des composés qui aident à stabiliser la glycémie, et peuvent donc constituer un élément utile de l'alimentation des chiens diabétiques.

PÊCHE : une bonne pêche juteuse fera aussi le bonheur de votre chien ! Retirez impérativement le noyau qui pose un risque d'étouffement ou d'occlusion intestinale. Le fruit est gorgé d'antioxydants pour booster l'immunité. Avec son goût sucré, c'est une bonne friandise occasionnelle, à servir avec modération du fait de sa teneur en sucres.

PERSIL : il contient des niveaux élevés de chlorophylle et autres composés bénéfiques aux propriétés supposées antibactériennes et assainissantes.

PETITS POIS : les petits pois entiers contiennent des antioxydants, ainsi que des fibres et de nombreux nutriments tels que les vitamines C, K et B1, le manganèse et l'acide folique.

POMME : elle apporte des fibres alimentaires, des vitamines A et C et des antioxydants, notamment des polyphénols. Ces composés végétaux ont une fonction protectrice pour les cellules, et il a même été démontré qu'ils améliorent l'hygiène dentaire, en réduisant l'accumulation de plaque et de tartre responsable de la maladie parodontale. Trop de sucre de fruits n'est pas idéal pour la santé dentaire, donc des polyphénols provenant de légumes sont préférables.

CONSEIL !

Si votre chien a les gencives inflammées, les dents tâchées ou une très mauvaise haleine, ne vous contentez pas de friandises mentholées ou de bâtonnets dentaires, consultez votre vétérinaire.

Compléments alimentaires

Je ne parle pas là de pilules artificielles achetées en parapharmacie mais bien de vrais ingrédients naturels qui, en bonnes quantités, peuvent être bénéfiques pour la santé de votre chien.

En tant que vétérinaire, il est crucial pour moi de m'appuyer sur des études et preuves réelles pour chaque affirmation que je fais au sujet de l'alimentation. Je n'ai donc inclus que des ingrédients aux bienfaits avérés pour les chiens. Dans les cas où je dispose d'un peu moins de preuves, ou si l'effet de certains ingrédients fait encore débat, je vous l'indiquerai par des tournures telles « pourrait être bénéfique ». Je vous rassure : je n'inclus rien qui pourrait nuire à votre chien, si vous suivez les recettes et tenez compte de ses éventuelles allergies ou intolérances.

CAMOMILLE : plante réputée pour ses effets calmants ou anxiolytiques chez les humains. On ne sait pas s'il en est de même pour les chiens, mais elle ne présente aucun risque en tant qu'aide anxiolytique chez les chiens craintifs.

CANNELLE : des études sur d'autres animaux et humains ont montré une amélioration de la mémoire et des performances cérébrales avec cette épice. Il pourrait donc en être de même chez les chiens. Elle s'avère aussi bénéfique pour réguler les niveaux de glucose et d'insuline dans le sang, et une étude a suggéré des effets positifs pour le cœur. La cannelle ne convient pas aux chiennes gestantes.

CAROUBE : alternative au chocolat naturellement sucrée (le chocolat étant toxique pour les chiens). Elle contient également les vitamines A, B2, B3, B6 et D, ainsi que du calcium, du magnésium, du fer, du potassium et une petite quantité de protéines.

CURCUMA : contient une substance active appelée curcumine, dont on suppose qu'elle a de puissants effets anti-inflammatoires et qu'elle soulage la douleur causée par l'arthrose ou d'autres processus inflammatoires, chez les humains et les chiens. La difficulté est qu'il existe beaucoup de recherches contradictoires. Certaines indiquent que les quantités nécessaires pour constater un bénéfice seraient énormes et peu pratiques à consommer, voire potentiellement nocives. D'autres suggèrent de légères améliorations de la boiterie des chiens. Une découverte intéressante est que l'action anti-inflammatoire de la curcumine est augmentée lorsqu'elle est utilisée avec du poivre noir. Mon point de vue est le suivant : il est peu probable qu'elle fasse du mal à votre chien, et elle peut avoir des effets bénéfiques avec un peu de poivre noir. Mais si votre chien est très boiteux ou raide, d'autres compléments articulaires, voire des médicaments anti-inflammatoires prescrits par votre vétérinaire, pourront être plus utiles.

GINGEMBRE : contient du bêta-carotène, de l'acide acétique, de l'acide alpha-linolénique, de l'acide ascorbique, du camphre, de la capsaïcine et des gingérols — que des bonnes choses ! Il est bien connu pour ses bienfaits anti-nauséeux et digestifs. Des études sur les humains ont également révélé ses effets anti-inflammatoires, qui pourraient aussi être bénéfiques pour les chiens. Des études sur les humains et les animaux ont montré que l'ajout de gingembre peut améliorer la fonction cognitive et la mémoire.

GRAINES DE LIN : c'est une bonne source de fibres alimentaires et de protéines, ainsi que d'ALA (acide alpha-linolénique), un oméga 3 bénéfique pour la qualité de la peau et du pelage. Elles contiennent un autre acide linoléique : un acide gras oméga 6. Pour une alimentation optimale, les oméga 3 et 6 doivent coexister en équilibre.

HUILE DE COCO (OU FARINE DE COCO) : un ingrédient populaire et savoureux dont on entend parfois qu'il guérirait tous les maux. L'huile de coco fournit un type de graisse — les triglycérides à chaîne moyenne (TCM) — qui peut être bénéfique pour la peau. Utilisée en quantités très précises, elle a été associée à une réduction des crises chez les chiens épileptiques. Un avertissement concernant son utilisation : elle est plus riche en graisses saturées que le beurre, la graisse de bœuf ou le saindoux ; et est donc extrêmement calorique. Utilisez-la avec modération (voire pas du tout, si votre chien a déjà des problèmes de poids).

HUILE DE COLZA : pauvre en graisses saturées, et riche en graisses oméga 3, qui contribuent à la santé de la peau et du pelage.

HUILE DE TOURNESOL : pauvre en graisses saturées et riche en vitamine E, antioxydante naturelle.

HUILE D'OLIVE : pleine d'acides gras essentiels et de vitamine E pour une peau et un pelage sains, elle peut être un complément utile aux recettes pour les chiens souffrant de problèmes cutanés.

POIVRE NOIR : dans ce livre, j'inclus du poivre noir en plus du curcuma. Le curcuma est très à la mode en ce moment pour ses effets anti-inflammatoires potentiels, en particulier pour l'arthrose ou les douleurs articulaires. Mais des études ont montré que la substance active du curcuma — la curcumine — était en fait activée et devenait plus puissante en présence de poivre noir.

POTIRON ET GRAINES DE COURGE : la chair orange est une excellente source de fibres solubles, de vitamine C et de bêta-carotène. Les graines contiennent du glutamate et du L-tryptophane, qui pourraient aider à diminuer la peur et l'anxiété chez les chiens en stimulant la production des précurseurs de la sérotonine (l'hormone du bonheur) dans le cerveau.

Les aliments à éviter

Si des aliments ne présentent aucun risque pour nous, en va-t-il de même pour nos chiens ? Pas forcément ! Certains aliments sont toxiques pour les chiens. Dans les cas extrêmes, leur ingestion peut être mortelle. Voici huit aliments (ou boissons) à éviter à tout prix, plus neuf autres pouvant potentiellement être nocifs.

Les aliments toxiques :

1. ALCOOL : son effet sur l'organisme des chiens est bien plus intense que pour les humains. Il peut causer des dommages sur plusieurs organes, comme les reins, le foie et l'estomac. Faites d'autant plus attention avec les boissons alcoolisées sucrées, le sucre pouvant masquer les effluves d'alcool décourageant normalement les chiens.

2. PÉPINS DE POMME : en petites quantités, la pomme est une friandise sûre. Mais attention à ne pas donner tout le fruit, puisque les pépins contiennent du cyanure. Coupez des cubes et jetez le trognon.

3. CAFÉINE : son effet stimulant n'est pas bon pour les chiens. Il peut entraîner anxiété, hyperactivité et troubles cardiaques. Dans les cas les plus graves, le chien peut s'écrouler ou être pris de convulsions. Du fait de sa teneur élevée en caféine, le café est à proscrire (ne laissez pas traîner votre tasse du matin).

4. FROMAGE BLEU : les moisissures donnant tout leur attrait au bleu ne sont pas du tout appropriées pour les chiens. Elles libèrent de la roquefortine C, une toxine qui peut, dans les cas graves, entraîner tremblements et convulsions.

5. CHOCOLAT : c'est parce qu'il contient un composant similaire à la caféine – la théobromine – que le chocolat est toxique pour les chiens. Tous les types de chocolat sont à éviter, mais soyez particulièrement vigilants avec le chocolat noir, à haute teneur en théobromine.

6. RAISINS, RAISINS SECS ET RAISINS DE CORINTHE : si l'origine de leur toxicité pour les chiens n'a pas été clairement identifiée, ils ont été associés à des symptômes allant jusqu'à l'insuffisance rénale, et sont donc à éviter.

7. OIGNON, AIL ET POIREAU : contiennent tous du thiosulfate, un élément reconnu comme étant à l'origine de troubles gastriques et d'une forme grave d'anémie. En plus des légumes entiers, gardez un œil sur tous les plats salés (aliments pour bébé inclus), souvent assaisonnés avec de l'ail et de l'oignon.

8. XYLITOL : cet édulcorant artificiel est toxique pour les chiens. On le trouve dans des produits inattendus, comme des pâtisseries industrielles et certains beurres de cacahuètes.

Les aliments potentiellement nocifs :

1. AVOCAT : sa chair, en petites quantités, peut être appréciée sans risque. Mais la peau, les feuilles et la tige contiennent plus de persine : un élément potentiellement nocif pour le système digestif des chiens. Le noyau présente des risques d'étouffement.

2. OS : malgré les idées reçues, les os et les chiens ne font pas forcément bon ménage. Les os crus peuvent être pleins de bactéries pouvant affecter l'estomac. Cuits, ils sont plus friables et peuvent se briser en éclats pouvant se coincer dans la gorge ou dans le tractus digestif, ou même percer la paroi intestinale.

3. AGRUMES : certains chiens se régalent de citrons et, pourtant, c'est une mauvaise idée. L'acide citrique et les huiles essentielles des oranges, citrons, citrons verts et pamplemousses peuvent, entre autres, affecter le système digestif du chien.

4. ALIMENTS GRAS, SALÉS OU FRITS : le profil nutritionnel des aliments riches et gras n'est pas bon pour les chiens. Les aliments salés peuvent augmenter la sensation de soif et le besoin d'uriner. Oubliez donc les chips et les frites.

5. LAIT ET AUTRES PRODUITS LAITIERS : les produits laitiers peuvent entraîner des troubles digestifs chez les chiens car la plupart digèrent mal le lactose (un sucre du lait).

6. CHAMPIGNONS : mieux vaut simplement les éviter afin d'éloigner toute attirance envers les champignons sauvages, potentiellement toxiques, que vous pourrez croiser.

7. NOIX DE MACADAMIA : certaines noix sont saines pour les humains mais très nocives pour les chiens. Celles-ci posent particulièrement problème car elles peuvent causer des vomissements, de la fièvre et une faiblesse musculaire.

8. ALIMENTS PÉRIMÉS : disposez des aliments périmés dans un bac hors de portée de votre chien. Ceux-ci pourraient le rendre malade.

9. CRUSTACÉS : les chiens peuvent manger du poisson, mais les crustacés sont à éviter. Crabe, crevettes et écrevisses peuvent entraîner une réaction allergique du fait de leur haute teneur en histidine, un acide aminé.

RÉSUMÉ :

– Certains ingrédients présentent des bienfaits pour la santé de votre chien.

– Son régime alimentaire doit être composé d'un bon équilibre de protéines, lipides, glucides, fibres, vitamines et minéraux.

– Certains aliments sont à bannir.

Servez les bonnes quantités

Les études le montrent : en maintenant une condition physique idéale, nos chiens peuvent vivre plus longtemps.

Moins de raideurs articulaires, une meilleure mobilité : leur qualité de vie est simplement meilleure quand ils sont en forme physiquement. On a tendance d'une part à surestimer la quantité de nourriture dont ont besoin nos chiens, et à l'inverse à sous-estimer la taille des portions qu'on leur sert réellement. Évidemment, une portion de croquettes de qualité, pour un chien qui fait un dixième de notre taille, paraîtra ridicule à nos yeux. Mais il s'agit d'un aliment riche, très concentré en nutriments, et quand ils « quémandent », ils n'ont pas forcément faim. Pour les chiens, manger autant que possible relève de l'instinct... et leur appétit semble sans fin ! C'est à nous de réguler la quantité de nourriture qu'ils consomment.

Je me répète peut-être, mais je ne peux pas écrire un livre pour gâter nos chiens sans parler de l'obésité animale. Selon des estimations récentes, 30 % des chiens en France sont en surpoids ou obèses.

Pour un vétérinaire, c'est une situation délicate : je comprends comment les propriétaires se laissent surprendre et dépasser par le problème ; mais je sais aussi toutes les complications liées à la surcharge pondérale. Parlons un peu de la gestion du poids.

Dit simplement, si la quantité de nourriture servie à un chien représente plus de calories qu'il ne brûle, il finira par prendre du poids. L'activité physique est importante pour

> 30 % des chiens en France sont en surpoids ou obèses

dépenser de l'énergie et pour la stimulation mentale, mais le meilleur moyen de contrôler le poids de nos chiens reste de surveiller les quantités.

Tout ce qui passe entre les crocs de nos chiens doit être compté comme de la nourriture. Un morceau de pain, quelques friandises en plus : c'est tentant, je sais. Le fait même de servir les portions de croquettes « à la louche » peut représenter des portions trop importantes. Chaque friandise (y compris celles de ce livre) compte, et un suivi attentif de ce que mange votre chien reste la meilleure approche.

Quant à la balance, elle ne vous donne pas tout. Le « Body Condition Score (BCS) », ou note d'état corporel, est un excellent outil pour déterminer si votre chien est trop maigre, en surpoids ou en bonne condition physique. En l'évaluant selon trois facteurs décrits par la technique BCS, vous pouvez attribuer à votre chien un score corporel de 1 à 5, pour déterminer si son poids est idéal pour sa taille. Si son BCS n'est pas égal à 3, vous pourrez alors ajuster ses portions pour l'aider à retrouver la forme.

Comme pour tout, patience et persévérance sont de mise. Pour pouvoir remarquer tout changement, je conseillerais d'effectuer ce test régulièrement : une fois par mois si votre chien doit perdre ou prendre du poids ; tous les deux mois si le poids de votre chien est idéal.

En maintenant une condition physique idéale, nos chiens peuvent vivre plus longtemps

Si vous utilisez le BCS et en déduisez que votre chien a besoin d'un coup de pouce pour retrouver la forme, voici quelques points pour démarrer de la bonne patte :

1 Sur une semaine, notez dans un carnet tout ce qu'il mange (y compris les friandises et autres extras glissés discrètement par d'autres membres du foyer !).

2 Remplacez les friandises habituelles par des options plus saines, moins caloriques (par exemple mes Bouchées glacées pomme-poulet, p. 69).

3 Réduisez toujours la taille des repas si vous offrez des restes, friandises ou autres extras ce jour-là.

4 Si la perte de poids s'avère difficile, consultez votre vétérinaire pour mettre en place un programme de gestion du poids.

Si, d'après le BCS, vous constatez que le score de votre chien est idéal, il ne vous reste qu'à conserver des habitudes saines : une bonne alimentation, une bonne activité physique, et ce livre pour vous aider !

RÉSUMÉ :

– L'obésité chez le chien peut entraîner de nombreux problèmes de santé.

– La note d'état corporel peut vous aider à déterminer si le poids de votre chien est optimal.

– En plus d'une bonne alimentation, il est important de surveiller les portions et les à-côtés.

Le « Body Condition Score (BCS) »

En évaluant votre chien sur trois zones précises, vous pouvez estimer s'il est maigre, en surpoids, ou au poids idéal. Les trois zones à palper et examiner sont :

– les côtes
– l'abdomen
– la taille

Vous pourrez lui attribuer un score sur une échelle de cinq points, en utilisant les repères décrits ci-dessous.

LES CÔTES
—

À faire :
Passez vos doigts sur la cage thoracique de votre chien, de chaque côté, dans le sens du poil.

Que rechercher ?
Vous devriez pouvoir sentir les côtes, avec une légère couverture musculaire, mais celles-ci ne doivent pas être visibles, pointues au toucher, ou protubérantes. Plutôt que de juste regarder, palpez bien avec vos doigts puisque le poil pourra souvent masquer les côtes.

SCORE BAS : si votre chien est trop maigre, ses côtes seront saillantes et acérées ou bosselées au toucher. Si c'est le cas, il a un BCS bas.

SCORE ÉLEVÉ : si votre chien est en surpoids, vous aurez du mal à sentir ses côtes, recouvertes d'une couche de muscle et de graisse. Plus ses côtes sont enfouies profondément sous cette couche, plus le chien est gras et plus son BCS est élevé.

L'ABDOMEN
—

À faire :
Passez la main sous le ventre de votre chien, dans le sens du poil, et regardez-le de profil.

Que rechercher ?
Au niveau du sternum, l'abdomen doit commencer plus près du sol puis remonter vers les hanches, de chaque côté.

SCORE BAS : un chien trop maigre, au ventre rentré en remontant vers les hanches et l'aine est synonyme d'un BCS bas.

SCORE ÉLEVÉ : si le ventre tombe vers le sol après le sternum ou tout du long, sans remonter sous les hanches, le chien est en surpoids et a donc un BCS élevé.

LA TAILLE

—

À faire :

En regardant par au-dessus, examinez la taille et les hanches de votre chien. Cette zone doit être plus étroite que la cage thoracique.

Que rechercher ?

Si sa condition physique est idéale, l'abdomen de votre chien doit se rétrécir en partant du poitrail, pour arriver à une taille fine.

SCORE BAS : un chien trop maigre présentera une taille très fine. Les os des hanches et de la colonne vertébrale se sentent facilement sous la peau et peuvent être visiblement protubérants. Plus ces os sont prononcés, plus le chien est maigre et plus le score BCS est bas.

SCORE ÉLEVÉ : chez les chiens en surpoids ou obèses, la taille ne se rétrécit pas vers les hanches. Le ventre sera souvent aussi large que le poitrail, un peu comme une forme de tonneau. En cas de BCS très élevé, des amas de gras peuvent même ressortir au niveau de la taille, dépassant la largeur de l'abdomen vu du haut.

1 — **Très maigre**

Très mince, avec côtes et bassin saillants

2 — **Maigre**

Poids trop bas, côtes et taille visibles

3 — **Idéal**

Bonne condition physique, légère couverture graisseuse, côtes faciles à tâter

4 — **Surpoids**

Poids trop élevé, côtes difficiles à tâter, taille non marquée

5 — **Obésité**

Poids beaucoup trop élevé, bourrelets de gras, abdomen large

Un dernier mot sur le goût

Votre chien doit apprécier sa nourriture ! Plusieurs facteurs peuvent avoir un impact sur son appétit, dont un qui pourra vous surprendre : il s'agit de vous, et de votre réaction à ses aliments.

Les chiens vont parfois se tourner vers nous pour savoir que faire d'un nouvel aliment. Dans ces situations, votre enthousiasme sera contagieux. Les chiens sont malins : s'ils savent qu'en refusant des croquettes, leurs maîtres céderont et leur proposeront un bon poulet rôti, ils refuseront les croquettes.

Les friandises préférées de votre chien ont un pouvoir stimulant : profitez-en ! Créez des moments de jeu et enseignez-lui de nouveaux tours (voir pp. 54–55) : les saveurs irrésistibles du bacon ou du beurre de cacahuètes, par exemple, sont particulièrement motivantes !

Les recettes de ce livre sont saines et savoureuses mais ne remplacent pas une alimentation de qualité, complète et formulée par un vétérinaire nutritionniste compétent.

Je vous conseille d'utiliser ce livre pour des récompenses occasionnelles, même si votre chien est un champion des yeux doux. Avant tout, proposez-lui un bon régime alimentaire (avec ces friandises comme extras et non comme base) : c'est une étape fondamentale pour lui assurer une longue vie saine et heureuse.

Votre enthousiasme sera contagieux

Printemps

Steaks de saumon à la française

J'ai une vraie passion pour les petits pois. Depuis toute petite, j'ai toujours attendu avec impatience fin mai-début juin pour avoir le plaisir de les cueillir, les écosser et les déguster directement dans le potager de ma mère. Et mes chiens ont toujours aimé m'accompagner dans ce petit plaisir, je leur laissais la cosse, croquante, un peu sucrée et savoureuse : on en fait même des veloutés !

La recette de mon enfance : le sauté de veau avec ses petits pois aux lardons. Pour Colonel, qui a besoin de bons acides gras essentiels pour sa peau de terrier à poils durs, j'ai choisi de remplacer le veau par du saumon. Avec les beaux jours et le retour des barbecues, vous pouvez saisir les steaks directement sur la grille ou la plancha.

– *Hélène*

POUR ENVIRON 8 STEAKS
—

Préparation : 15 minutes
Cuisson : 15 minutes

400 g de saumon frais
80 g de lardons
200 g de petits pois surgelés
1 càs d'huile de colza ou de tournesol

Placez les petits pois dans un bol pour les laisser décongeler.

Retirez la peau du saumon (ou demandez à votre poissonnier de le faire). À l'aide d'une pince, retirez les arêtes avec précaution. Faites dorer les lardons à la poêle sans ajout de matière grasse, puis débarrassez-les sur du papier absorbant.

Dans la cuve d'un robot, placez la chair de saumon et mixez. Transférez dans un saladier, ajoutez les lardons grillés et les petits pois entiers et décongelés. Mélangez à la spatule.

Formez des petits steaks de 80 g environ.

Chauffez et huilez très légèrement une poêle, puis faites griller les steaks 3 à 4 minutes par face en les retournant délicatement à la spatule. Vous pouvez aussi les griller au barbecue ou à la plancha les jours de beau temps.

Laissez refroidir avant de servir.

—

Biscuits verts au sarrasin

Voici une recette de biscuits secs qui seront facilement transportables en balade en guise de récompense, pour travailler le rappel par exemple. J'aime l'idée des haricots verts et des épinards qui apportent des fibres : c'est toujours intéressant pour un chien avec un transit un peu capricieux. Le foie de volaille est là pour garantir l'appétence de ces petits biscuits, car même si la mode est, pour nous, à la cuisine végétarienne, n'oublions pas que nos chiens ont avant tout une attirance pour tout ce qui contient des protéines animales.

– Hélène

POUR 24 BISCUITS

—

Préparation : 20 minutes
Cuisson : 20 minutes

70 g de foie de volaille
100 g de purée de haricots verts, fraîche ou surgelée
100 g de purée d'épinards, fraîche ou surgelée
25 g de flocons de sarrasin
90 g de farine de blé T55
45 g de farine de riz complet
80 g d'huile de colza ou de tournesol
1 œuf

+ un emporte-pièce os (ou autre)

Préchauffez le four à 180°C (chaleur tournante).

Faites dorer les foies de volaille à la poêle avec un léger filet d'huile, pendant 4 minutes. Débarrassez sur une planche puis hachez finement au couteau.

Dans un saladier, mélangez les deux farines et les flocons de sarrasin. Ajoutez les foies de volaille hachés et les deux purées, puis mélangez bien.

Battez légèrement l'œuf puis incorporez-le au mélange. Ajoutez enfin l'huile et mélangez bien jusqu'à obtenir une pâte assez épaisse.

Entre deux feuilles de papier sulfurisé, étalez la pâte sur une épaisseur d'environ 5 mm. Glissez la feuille avec la pâte sur une plaque à pâtisserie et enfournez 20 minutes. Laissez refroidir sur une grille. Une fois la pâte bien refroidie, détaillez des biscuits à l'aide d'un emporte-pièce.

Ces biscuits se conservent jusqu'à 3 jours au frais, dans un récipient hermétique.

Festin d'agneau, menthe et petits pois

PORTIONS : SELON VOS RESTES

—

Préparation : 10 minutes

purée de pommes de terre (sans ajout de sel, aromates ou liants), doit constituer au moins 50% des ingrédients

agneau ou blanc de poulet (grillé ou rôti), dégraissé et coupé en petits morceaux

petits pois cuits (des carottes ou haricots verts feront aussi l'affaire)

quelques feuilles de persil, hachées

+ un jouet distributeur de nourriture

Vous pouvez préparer cette recette exclusivement pour votre chien ou utiliser des restes de vos repas, en suivant quelques indications sur leur emploi (pp. 88–89). Pour ce petit festin, je voulais non seulement proposer un plat savoureux et nutritif mais aussi une idée pour tirer parti des jouets distributeurs. Des restes de repas simplement servis dans la gamelle seront aspirés en quelques secondes… alors qu'en les glissant dans un jouet interactif vous en profitez pour stimuler le mental de votre chien !

—

Mélangez bien tous les ingrédients.

À l'aide d'une cuillère, glissez le mélange dans le jouet distributeur en tassant bien.

Servez sans attendre, ou préparez quelques portions à congeler dans du film alimentaire pour en avoir en réserve.

IMPORTANT !

N'utilisez pas vos restes de pommes de terre frites ou cuites dans du gras, au risque de déclencher une pancréatite ou des maux digestifs.

Tirez parti des friandises

L'avantage des friandises ultra-gourmandes, c'est que les chiens feront tout pour y avoir droit !

On peut facilement avoir tendance à distribuer les friandises sans compter. Malheureusement, c'est prendre le risque de suralimenter nos chiens, surtout si ceux-ci ne se dépensent pas assez. Trouvez plutôt des moyens d'utiliser ces délicieuses récompenses pour stimuler et divertir. La plupart des chiens ne sont pas trop fines bouches, mais trouvez les saveurs préférées du vôtre, « la récompense ultime », et vous pourrez lui demander ce que vous voulez en échange d'une friandise !

Un chien fatigué est un chien comblé !

POURQUOI PROPOSER DES FRIANDISES ?

—

Des recettes pleines de bons nutriments, c'est déjà bien, mais les friandises représentent bien des bénéfices :

Des instants de complicité

Pour votre chien, la plus belle des récompenses est avant tout de passer du temps avec vous. Le temps consacré à lui enseigner de nouveaux tours ou exercices (avec une bonne récompense en prime) est un outil précieux pour renforcer votre relation chien-humain.

Pour briser l'ennui

De nombreux problèmes comportementaux chez les chiens découlent d'un manque de stimulation mentale. Ce sont des animaux intelligents et quand, par manque de stimulation, ils cherchent à se divertir eux-mêmes, c'est souvent de manière bien plus espiègle !

C'est naturel et appréciable

Il n'est pas naturel pour les animaux de se faire servir dans une gamelle, et les chiens apprécient de devoir travailler pour leur nourriture : dans la nature, ils passeraient le plus clair de leur temps à sa recherche. Le challenge que représente un puzzle alimentaire peut être très gratifiant.

Un peu d'activité physique

Encouragez votre chien à faire des efforts pour ses friandises. Jouez, enseignez de nouveaux ordres ou faites des séances complètes d'éducation. Même en cachant quelques friandises à débusquer dans le jardin, vous l'aidez à se dépenser davantage. Pour moi, un chien fatigué est un chien comblé !

LES PUZZLES ALIMENTAIRES

—

Les puzzles alimentaires et autres jouets interactifs sont d'excellents moyens de divertir votre chien si vous manquez de temps. Placez-y une ou deux friandises en sortant du domicile, histoire de détourner l'attention de votre chien des meubles et coussins de canapé ! Voici quelques-uns de mes favoris :

Les gamelles anti-glouton

Elles permettent d'occuper votre chien mais aussi de l'empêcher d'avaler toute sa nourriture d'une traite, aidant potentiellement à régler certains problèmes de digestion.

Les jouets culbuto

Ces jouets libèrent les friandises par un petit trou. Comme ils tournent, oscillent et roulent dans tous les sens, votre chien va devoir s'armer de patience pour trouver la meilleure orientation pour faire sortir les friandises.

Les balles distributrices

L'attrait de la balle, avec des friandises en plus : ces jouets vont stimuler votre chien mentalement tout en lui permettant de se dépenser physiquement. Cachez-y quelques friandises et le voilà parti pour des heures.

Les tapis de fouille

Placez-y quelques croquettes ou friandises et votre chien devra aller les chercher entre les bandes du tissu avec son museau ou ses pattes.

DES IDÉES POUR L'OCCUPER

—

Avec ou sans puzzle alimentaire, il existe plein de façons d'occuper votre chien. Tout aliment peut se transformer en activité si vous y ajoutez un élément de défi.

Congelez les friandises

Pour compliquer un peu le jeu, congelez les friandises dans un jouet distributeur. Placez quelques biscuits ou croquettes dans un distributeur (type Kong), remplissez d'eau et placez au congélateur. Ce délice glacé devrait occuper votre chien un bon bout de temps !

Répartissez le repas

Plutôt que de lui servir tout son repas dans une gamelle, divisez-le dans plusieurs petits récipients et cachez-les dehors : le dîner se transformera en chasse au trésor. Vous pouvez vous cacher vous-même avec un des bols !

Essayez-vous à la magie

Un grand classique : prenez trois gobelets et cachez une friandise sous l'un d'eux. Mélangez-les sous le nez de votre chien et laissez-le choisir le bon.

Montez un parcours d'agility

Même à la maison, vous pouvez construire un parcours d'obstacles qui fatiguera un peu votre chien, physiquement et mentalement. Invitez-le à sauter dans des cerceaux, ramper sur des plaids, slalomer entre des objets... soyez créatifs ! Plus le parcours est compliqué, plus la récompense sera appréciée.

Biscuits fraîcheur carotte, persil et menthe

POUR ENVIRON 30 BISCUITS (SELON LEUR TAILLE)

—

Préparation : 20 minutes
Cuisson : 25 minutes

200 g de farine de riz, plus un peu pour le plan de travail
25 g de flocons d'avoine
2 carottes, rincées et râpées
une poignée de persil frais, finement haché
une poignée de menthe fraîche, finement hachée
45 g de beurre de cacahuètes

+ un emporte-pièce os (ou autre)

IMPORTANT !

Certains beurres de cacahuètes contiennent du sel, de l'huile ou des édulcorants ajoutés. Choisissez un produit 100% cacahuètes.

Riches en bons nutriments, ces friandises peuvent même être bénéfiques pour l'hygiène dentaire et l'haleine de votre chien. Le persil et la menthe ont des propriétés antibactériennes et assainissantes · parfait pour une haleine plus fraîche. Comme la carotte, ils sont riches en antioxydants qui stimulent la fonction immunitaire.

—

Préchauffez le four à 180ºC (chaleur tournante) et tapissez deux plaques de cuisson de papier sulfurisé.

Dans un bol, mélangez la farine et les flocons d'avoine puis incorporez 150 ml d'eau. Ajoutez les carottes râpées, les herbes hachées et le beurre de cacahuètes. Mélangez bien pour obtenir une pâte épaisse.

Saupoudrez un peu de farine sur le plan de travail et étalez la pâte sur une épaisseur de 6 à 8 mm. À l'aide de l'emporte-pièce, détaillez des biscuits et placez-les sur les plaques de cuisson.

Faites cuire 20 à 25 minutes jusqu'à ce que les biscuits soient bien dorés. Le temps de cuisson pourra varier selon l'épaisseur des portions. Laissez refroidir sur une grille avant de servir.

Ces biscuits se conservent jusqu'à une semaine dans un récipient hermétique ou 3 mois au congélateur.

Petits cœurs cranberry et graines de lin

POUR 30 À 35 CŒURS (SELON LEUR TAILLE)

—

Préparation : 20 minutes
Cuisson : 18 minutes

180 g de farine de blé complet (ou farine de riz si intolérance au blé), plus un peu pour le plan de travail
50 g de cranberries séchées
3 càs de graines de lin
45 g de flocons d'avoine
2 œufs
1 càs d'huile de colza ou de tournesol
3 à 4 càs de poudre d'amandes

+ un emporte-pièce en forme de cœur

Montrez tout l'amour que vous portez à votre chien avec ces adorables biscuits pleins de bons nutriments.

La canneberge (ou cranberry) est un véritable super-aliment, très riche en antioxydants (qui boostent l'immunité) et en vitamine C. Les graines de lin sont sources d'acide alpha-linolénique (un acide gras oméga 3) et d'oméga 6, tous deux bénéfiques pour la santé de la peau et du poil. Coup de foudre garanti !

—

Préchauffez le four à 160°C (chaleur tournante) et tapissez deux plaques de cuisson de papier sulfurisé.

Dans un bol, mélangez la farine, les cranberries, les graines de lin et les flocons d'avoine.

Dans un autre bol, battez les œufs puis incorporez l'huile. Ajoutez aux ingrédients secs et mélangez bien pour obtenir une pâte collante et homogène.

Incorporez la poudre d'amandes, une cuillère à la fois, jusqu'à ce que la pâte soit moins collante et plus facile à manipuler (vous n'aurez peut-être pas besoin de toute la poudre).

Saupoudrez un peu de farine sur le plan de travail et étalez la pâte sur une épaisseur de 6 à 8 mm. À l'aide de l'emporte-pièce, détaillez des cœurs et placez-les sur les plaques de cuisson.

Faites cuire 16 à 18 minutes jusqu'à ce que les biscuits soient dorés et croustillants. Laissez refroidir sur une grille avant de servir.

Conservez jusqu'à une semaine dans un récipient hermétique ou 3 mois au congélateur.

Brioches de Pâques légères

POUR 12 BRIOCHES

—

Préparation : 30 minutes, plus 1h30
   de repos
Cuisson : 15 minutes

350 g de farine T45 (ou farine de riz si
   intolérance au blé), plus un peu pour
   le plan de travail
1 càc de cannelle moulue
20 g de beurre de cacahuètes
1 càs de miel, plus un peu pour le
   glaçage (facultatif)
8 g de levure boulangère instantanée
1 œuf
150 ml de lait sans lactose ou lait
   d'avoine
1 petite carotte, rincée et râpée
80 g de cranberries séchées
huile d'olive, pour la plaque
50 g de farine de blé (ou de riz)

Ces brioches décorées sont des incontournables de Pâques au Royaume-Uni, mais la recette d'origine contient des raisins secs, du zeste de citron et de la noix de muscade (toxiques pour les chiens). J'ai voulu créer une version que toute la famille – chiens compris – pouvait savourer au goûter ; à condition de ne pas les tartiner de beurre ou de confiture bien sûr.

—

Dans un bol, tamisez la farine T45 et la cannelle. Ajoutez le beurre de cacahuètes et malaxez avec les doigts pour obtenir un mélange sableux. Formez un puits au centre de ce mélange et ajoutez-y le miel et la levure.

Dans un autre bol, fouettez l'œuf et le lait environ 1 minute. Versez cette préparation dans le puits et mélangez bien pour former une pâte (vous pouvez utiliser un robot équipé d'un crochet à pétrir).

Sur une surface légèrement farinée, pétrissez la pâte jusqu'à ce qu'elle soit lisse et élastique, puis incorporez-y la carotte râpée et les canneberges. Formez une boule et déposez-la dans un saladier. Recouvrez d'un linge propre et laissez lever dans un endroit chaud pendant 1 heure.

Suite →

Sortez la pâte du saladier, pétrissez-la sur une surface légèrement farinée puis reformez une boule. Placez-la de nouveau dans le saladier et laissez lever 30 minutes de plus.

Pendant ce temps, préchauffez le four à 200°C (chaleur tournante) et huilez légèrement une plaque de cuisson.

Divisez la pâte en 12 morceaux de taille égale. Formez des boules, aplatissez-les légèrement et placez-les sur la plaque de cuisson.

Pour d'authentiques brioches anglaises, passez à la décoration ! Ajoutez lentement 1,5 à 2 cuillères à soupe d'eau à la farine en mélangeant bien, jusqu'à obtenir une pâte légère.

Roulez des petits boudins de pâte pour les placer en croix sur les brioches, ou dessinez des empreintes de patte avec des boules de différentes tailles !

Placez vos jolies brioches au four et faites cuire 12 à 15 minutes jusqu'à ce qu'elles soient bien dorées.

Pour les faire briller, vous pouvez glacer légèrement la surface des brioches avec du miel avant refroidissement.

Conservez jusqu'à 5 jours dans un récipient hermétique ou 3 mois au congélateur.

CONSEIL !

Ces friandises sont idéales pour inviter le chien aux goûters en famille, mais elles doivent rester exceptionnelles : servez avec modération et réduisez la taille des repas ce jour-là.

Été

Petits cakes pour petit-déj'

POUR 20 À 25 PORTIONS

—

Préparation : 10 minutes
Cuisson : 20 minutes

10 œufs
4 càs de jambon en dés
50 g d'épinards, grossièrement hachés
1 poignée de persil, finement haché
1 càc de curcuma moulu
1 càc de poivre noir moulu

+ 2 plaques de 12 muffins
+ un peu d'huile neutre (facultatif)

CONSEIL !

Vous pouvez modifier la taille des portions et des fournées selon la corpulence de votre chien. Quand vous en servez, n'oubliez pas d'ajuster les repas du jour en conséquence (en diminuant les portions) : ces cakes remplacent vite un repas entier.

Quand votre chien louche sur votre tartine beurrée, craquez plutôt pour ces petites merveilles œuf-jambon. Complètes et saines, elles contiennent en plus du curcuma et du poivre noir, qui peuvent être bénéfiques pour les chiens âgés ou ceux souffrant de raideurs articulaires. Préparez une bonne fournée et conservez-en au congélateur : il suffira ensuite de les passer au micro-ondes.

—

Préchauffez le four à 180°C (chaleur tournante) et graissez légèrement les moules à muffins si ceux-ci ne sont pas en silicone.

Dans un bol, fouettez les œufs puis ajoutez tous les ingrédients et mélangez bien.

Versez l'appareil dans les moules à muffins en remplissant aux trois quarts : les œufs vont gonfler à la cuisson.

Faites cuire 20 minutes au four, jusqu'à ce qu'ils soient levés et dorés, puis laissez refroidir dans les moules.

Servez selon la taille de votre chien : 1 ou 2 cakes à la place du repas pour un petit chien, par exemple. 5 ou 6 portions peuvent faire un repas pour un très grand chien.

Ces mini cakes se conservent jusqu'à 5 jours au réfrigérateur dans un récipient hermétique, ou 3 mois au congélateur.

Bouchées glacées pomme-poulet

POUR ENVIRON 40 PIÈCES (SELON LE MOULE)

—

Préparation : 10 minutes, plus congélation 4 à 6 heures

½ cube de bouillon de poule sans sel
450 ml d'eau bouillante
2 pommes, évidées et coupées en dés
blanc de poulet cuit, coupé en dés
   (facultatif)

+ moule à glaçons à motif os ou coussinet
   (ou toute autre forme)

ASTUCE !

Pour un subtil goût de poulet, sans trop saler, utilisez juste un demi cube de bouillon peu salé ou non salé.

Si l'été est synonyme de rafraîchissantes glaces à l'eau, qu'il en soit de même pour nos chers compagnons ! Ces gourmandises estivales allient la fraîcheur de la pomme au goût du poulet, avec de délicieux petits morceaux. Invitez les enfants en cuisine pour réaliser ces friandises toutes simples dans des moules rigolos !

—

Ajoutez le demi cube de bouillon à l'eau bouillante et mélangez pour bien le dissoudre. Laissez refroidir.

Répartissez les morceaux de pomme et de poulet dans les cases du moule à glaçons. Versez-y le bouillon refroidi en remplissant presque jusqu'au bord.

Placez au congélateur et servez quelques pièces quand il fait chaud. Ces bouchées glacées se conservent 3 mois au congélateur.

Rillettes « terre et mer »

Je suis une adepte des puzzles feeder, jeux alimentaires, gamelles ludiques, tapis de fouille ou de léchage. Ce sont d'excellentes occupations pour les chiens ! D'ailleurs, Colonel ne mange que comme cela ! J'ai banni les gamelles classiques de chez moi.

Je voulais trouver une texture qui permette de bien tartiner un tapis de léchage : le mélange purée maison et thon donne un aspect « rillettes » parfait pour cette utilisation. D'ailleurs, un petit conseil : profitez du jour où vous faites de la purée pour toute la famille pour en réserver pour cette recette. Gain de temps garanti... pour le plaisir de tous !

– Hélène

POUR 6 PORTIONS
—

Préparation : 15 minutes
Cuisson : 15 minutes

1 boîte de 110 g de thon à l'huile d'olive
2 pommes de terre à purée
40 g d'œufs de truite
4 brins de persil plat

Lavez, séchez et ciselez le persil plat.

Épluchez les pommes de terre, taillez-les en cubes et placez-les dans une grande casserole d'eau froide. Portez à ébullition et faites cuire environ 15 minutes.

Égouttez les pommes de terre, transférez-les dans un saladier et écrasez-les à la fourchette. Laissez refroidir.

Une fois les pommes de terre refroidies, ajoutez-y le thon avec environ 1 càs de son huile puis mélangez bien. Ajoutez le persil ciselé et les œufs de truite et mélangez délicatement.

Servez les rillettes sur un tapis de léchage.

Conservez jusqu'à 5 jours maximum, au frais, dans un récipient hermétique.

Biscuits aux fruits rouges

**POUR 20 À 30 BISCUITS
(SELON LEUR TAILLE)**
—

Préparation : 25 minutes
Cuisson : 18 minutes

- 400 g de flocons d'avoine (plus un peu pour enrober les biscuits)
- 1 pomme, évidée et râpée
- 5 fraises, équeutées, coupées en deux
- 1 œuf
- 10 framboises
- 20 myrtilles

+ emporte-pièces étoile et chien (ou autre)

Ces biscuits fruités font des récompenses saines et légères pour votre chien. Goûtez-les : ils sont délicieux ! Riches en antioxydants provenant des fruits rouges, ils sont pleins de bienfaits pour le système immunitaire et sont adaptés aux chiens souffrant d'allergie au blé ou au gluten.

—

Préchauffez le four à 200°C (chaleur tournante) et tapissez deux plaques de cuisson de papier sulfurisé.

À l'aide d'un robot mixeur, réduisez les flocons d'avoine en poudre fine. Versez dans un bol.

Déposez l'œuf et les fruits dans le bol du robot et mixez jusqu'à ce que le tout soit lisse et homogène. Ajoutez la poudre d'avoine et mixez brièvement pour obtenir une pâte épaisse et collante. Laissez reposer 10 minutes.

Saupoudrez légèrement le plan de travail de flocons d'avoine (entiers) et étalez la pâte sur une épaisseur de 12 mm environ. À l'aide d'un emporte-pièce, détaillez des biscuits et placez-les sur les plaques de cuisson.

Faites cuire 15 à 18 minutes ou jusqu'à ce qu'ils soient bien dorés (les plus épais pourront prendre un peu plus de temps). Laissez refroidir sur une grille avant de servir.

Ces biscuits se conservent jusqu'à une semaine dans un récipient hermétique ou 3 mois au congélateur.

Sorbets
pêche Melba

Bien souvent, les chiens adorent jouer avec des glaçons. C'est amusant, rafraîchissant et hydratant, alors pourquoi ne pas imaginer une glace pour son chien ?

J'aurais pu rendre hommage à Colonel en m'inspirant… de la coupe colonel ! Mais l'acidité du citron n'est pas du meilleur effet sur les chiens et n'oubliez pas : jamais d'alcool pour nos animaux, cela fait partie de la liste des ingrédients interdits.

En revanche, la douceur de la pêche associée aux bienfaits des antioxydants contenus dans les myrtilles, voilà un petit sorbet qui vous permettra… de briser la glace avec votre chien !

– *Hélène*

POUR 6 PORTIONS

—

Préparation : 15 minutes, plus congélation 24 heures

4 pêches jaunes
6 feuilles de menthe
60 g de myrtilles
15 cl d'eau

+ 6 moules à glace (sans les bâtonnets)

Lavez bien les pêches, les myrtilles et les feuilles de menthe. Sans ôter leur peau, ouvrez les pêches en deux, retirez le noyau et taillez-les en gros morceaux.

Dans la cuve d'un blender, placez les morceaux de pêches et les feuilles de menthe puis mixez. Ajoutez l'eau et mixez à nouveau.

Déposez les myrtilles dans le fond des moules à glace puis remplissez de purée de pêche.

Sans insérer le bâtonnet, placez les moules au congélateur et faites prendre 24 heures.

Pour démouler les sorbets, plongez-les dans de l'eau chaude quelques instants.

Conservez jusqu'à 1 mois au congélateur. Veillez à ne pas recongeler après décongélation.

Automne

Merveilleux muffins salés

POUR 20 À 25 MUFFINS

—

Préparation : 20 minutes
Cuisson : 55 minutes

- 600 g de courge butternut (ou potimarron, ou potiron), épluchée, vidée et coupée en cubes
- 500 g de filet de saumon
- 120 g de flocons d'avoine
- 150 g de farine de riz, un peu plus au besoin
- 1 càs de cannelle moulue
- 1 càs de gingembre moulu
- 135 g de myrtilles
- 1 càs de curcuma moulu (facultatif)
- 1 càc de poivre noir (facultatif)
- 1 càs d'huile de colza
- 150 ml de lait sans lactose ou lait d'avoine
- 1 œuf

Ces muffins sont parfaits pour les chiens plus âgés souffrant de raideurs ou d'arthrose : ils sont bourrés d'ingrédients intéressants, comme le saumon (riche en oméga 3) et les myrtilles, à l'action antioxydante et anti-inflammatoire. Pour un petit boost articulaire, ajoutez un peu de curcuma et de poivre noir.

N'hésitez pas à faire des grosses fournées : les muffins se congèlent très bien.

—

Préchauffez le four à 190°C (chaleur tournante) et tapissez une plaque de cuisson de papier sulfurisé. Déposez les cubes de courge sur la plaque et faites-les rôtir 20 minutes. Ajoutez les filets de saumon sur la même plaque et prolongez la cuisson 15 minutes. Laissez refroidir. N'éteignez pas le four et remplacez le papier sulfurisé sur la plaque de cuisson.

Pendant ce temps, dans un bol, mélangez les flocons d'avoine, la farine, la cannelle, le gingembre, les myrtilles, et le curcuma et le poivre (facultatif). Déposez le saumon et la courge refroidis dans le bol d'un mixeur, ajoutez l'huile, le lait et l'œuf, et mixez jusqu'à obtenir un mélange lisse (si vous n'avez pas de mixeur, vous pouvez écraser les ingrédients à la fourchette).

Versez l'appareil au saumon dans les ingrédients secs et mélangez pour former une pâte. À la main, formez des petites boules de pâte (farinez vos mains si la pâte est trop collante). Choisissez une taille adéquate pour votre chien.

Déposez les boules sur la plaque et faites cuire 15 à 18 minutes jusqu'à ce qu'elles soient bien dorées. Il faudra adapter le temps de cuisson à la taille des portions. Laissez refroidir sur une grille avant de servir.

Ces muffins se conservent jusqu'à 5 jours dans un récipient hermétique ou 3 mois au congélateur.

—

Madeleines quinoa-carotte

Si vous avez la chance d'avoir grandi avec un chien, vous souvenez-vous de son odeur quand, enfant, vous colliez votre tête contre lui ? On a tous ces petites madeleines de Proust liées aux animaux qui nous ont accompagnés lors de nos tendres années. En hommage à ces souvenirs qui nous marquent à vie, j'ai voulu proposer une recette de… madeleines !

Attention cependant à la taille du moule que vous utiliserez, adaptez-la au format de votre chien, ou découpez tout simplement les madeleines en petits morceaux à distribuer tout au long de la journée. N'oubliez pas que toutes ces recettes sont élaborées pour créer du lien avec votre chien, lui faire plaisir, mais surtout pas pour lui faire prendre des kilos en trop.

– Hélène

POUR 12 MADELEINES

—

Préparation : 20 minutes
Cuisson : 18 minutes

- 50 g de farine de blé T55
- 75 g de farine de maïs
- 50 g de flocons de quinoa
- 30 g de carottes râpées
- 3 œufs
- 6 g de levure chimique
- 3 cl d'huile de colza ou de tournesol
- 3 cl de lait d'avoine

+ une plaque à madeleines

Préchauffez le four à 180°C (chaleur tournante) et huilez la plaque à madeleines si celle-ci n'est pas en silicone.

Dans un saladier, mélangez les deux farines, la levure et les flocons de quinoa. Ajoutez l'huile et mélangez, puis incorporez les œufs.

Délayez avec le lait d'avoine et mélangez vigoureusement pour éliminer les grumeaux. Enfin, ajoutez les carottes râpées et mélangez à la spatule.

À l'aide d'une cuillère ou d'une poche à douille, remplissez les moules à madeleines aux trois quarts avec la pâte.

Faites cuire 15 à 18 minutes, jusqu'à ce que les madeleines soient dorées et un peu gonflées.

Laissez refroidir sur une grille avant de servir.

Conservez jusqu'à 5 jours à température ambiante, dans un récipient hermétique.

Barres aux fruits du verger

POUR ENVIRON 25 BARRES

—

Préparation : 15 minutes
Cuisson : 20 minutes

200 g de flocons d'avoine
1 pomme, évidée et râpée
20 mûres (bien mûres !)
1½ càs de miel
3 càs d'huile de tournesol
1 càs de cannelle moulue
1 càs de gingembre moulu
1 œuf, battu

+ un moule carré de 20 cm

Les chiens raffolent de ces petites barres… et moi aussi ! Elles sont pratiques à emporter en randonnée ou longue promenade puisqu'elles contiennent de bons fruits d'automne et de l'avoine, pour un apport prolongé d'énergie. Le gingembre peut être bénéfique pour les digestions difficiles et la cannelle est une alliée de la mémoire et de la fonction cérébrale.

—

Préchauffez le four à 180°C (chaleur tournante) et tapissez le moule de papier sulfurisé.

Mettez tous les ingrédients dans une casserole et remuez à feu doux pendant 3 minutes pour faire fondre le miel et obtenir un mélange homogène.

Versez la préparation dans le moule et répartissez-la bien. Appuyez avec le dos d'une cuillère pour tasser le mélange.

Faites cuire les barres d'avoine 20 minutes ou jusqu'à ce qu'elles dorent légèrement.

Laissez refroidir, démoulez et découpez en petits carrés.

Servez en récompense, toujours avec modération.

Conservez-les jusqu'à une semaine dans un récipient hermétique, mais goûtez-les et vous verrez qu'elles ne dureront pas si longtemps !

Partager nos repas avec notre chien

Si vous choisissez de servir à votre chien le même repas que pour la famille, il y a quelques précautions à garder à l'esprit.

Beaucoup nourrissent leurs chiens avec des aliments et restes de consommation humaine. Je n'ai rien contre, à condition que ce soit exceptionnel et que toutes les précautions aient été prises quant à la sûreté des aliments. Il va sans dire que ça ne doit pas être proposé en plus des repas habituels mais en remplacement de ceux-ci. Sinon, c'est la prise de poids assurée ! Ces repas en commun ont des bénéfices :

– Vous introduisez de la variété alimentaire et des plats maison frais peuvent être bons pour les chiens
– Ils vous aident à finir les restes
– Votre chien appréciera ces aliments en guise de récompense, surtout les légumes frais au goût délicatement sucré
– Servis dans un puzzle alimentaire, ces restes seront d'autant plus intéressants pour éveiller votre chien

Voici quelques précautions à prendre si vous voulez partager votre repas avec votre chien :

Veillez à ce que les aliments ne soient pas toxiques

C'est la plus importante des règles. Certains assaisonnements comme l'ail et l'oignon sont nocifs pour les chiens ; on ne les remarque parfois même pas dans nos plats (sauces, bouillons). Vérifiez chaque ingrédient en utilisant ma liste d'ingrédients à éviter (pp. 36–37). Ne laissez jamais votre chien grignoter les carcasses de poulet : les os fragiles peuvent se briser en éclats dans la gueule ou pire, perforer les intestins si ingérés.

Veillez à ce que les aliments soient sains

Rappelons que ce qui est très gras ou très salé n'est pas bon pour nos chiens. Les aliments très gras comme la peau de poulet et les jus de cuisson des viandes peuvent perturber la digestion des chiens voire entraîner une pancréatite, une affection grave, douloureuse et parfois mortelle.

Ne le faites pas tous les jours

Il s'agit d'une friandise exceptionnelle ! Si les chiens peuvent tirer les mêmes bienfaits que nous des aliments sains comme la viande maigre et les légumes, leurs besoins nutritionnels de base sont différents des nôtres. Les aliments pour chiens sont formulés pour y répondre. Les remplacer trop souvent avec de la nourriture pour humains, c'est risquer de ne pas leur apporter tout ce dont ils ont besoin et créer des carences.

Gardez un œil sur les quantités

On a tous tendance à glisser un petit morceau à nos chiens sans même s'en rendre compte mais du coup, difficile de savoir exactement ce qu'ils mangent. Si vous partagez, mettez une portion bien définie dans une gamelle. En plus, les restes glissés sous la table peuvent encourager de mauvaises habitudes.

Croustilles pomme-bacon sans gluten

POUR 30 À 35 CROUSTILLES

—

Préparation : 15 minutes
Cuisson : 20 minutes

3 tranches de bacon
200 g de farine de riz
90 g de flocons d'avoine
1 càs de cannelle moulue
4 pommes, évidées
2 œufs
3 càs de miel

Associant le bacon et la pomme, cette recette est tout simplement ir-ré-sis-tible. Choisissez-la quand vous voulez enseigner un nouvel exercice à votre chien !

Le bacon, très salé, n'est pas forcément idéal pour nos compagnons à quatre pattes. Mais ces friandises en révèlent toutes les saveurs sans avoir à en utiliser trop. Profitez-en, parce que la plupart des chiens donneront tout pour son bon goût ! Voilà de délicieuses récompenses croustillantes pour vous aider à travailler la concentration de votre chien.

Cette recette ne contient pas de gluten et est adaptée aux chiens souffrant d'allergies ou intolérances au blé.

—

Préchauffez le four à 180°C (chaleur tournante) et tapissez une plaque de cuisson de papier sulfurisé.

Faites griller les tranches de bacon (après avoir enlevé le gras visible s'il y en a) jusqu'à ce qu'elles soient croustillantes. Laissez refroidir puis découpez en très petits morceaux.

Dans un bol, mélangez la farine, les flocons d'avoine et la cannelle. Formez un puits au centre.

Au mixeur, réduisez deux des pommes en purée. Râpez finement les deux autres pommes et ajoutez-les à la purée.

Incorporez à la préparation de pommes les œufs, le miel et les morceaux de bacon. Versez dans les ingrédients secs et mélangez pour obtenir un appareil collant et épais.

Avec une cuillère à café, déposez des petits tas sur votre plaque de cuisson. Faites cuire 20 à 25 minutes jusqu'à ce qu'ils soient bien croustillants.

Ces croustilles se conservent jusqu'à 5 jours dans un récipient hermétique ou 4 mois au congélateur.

Boulettes poulet-potimarron

Voici une recette sous le signe du réconfort. Avant tout grâce au potimarron, le légume que l'on retrouve dans les veloutés qui réchauffent le cœur lors des soirées automnales. Mais cet aliment n'est pas bon que pour le moral ! Riche en fibres, en antioxydants, et en caroténoïdes dont le bêta-carotène (précurseur de la vitamine A), le potimarron a de nombreuses vertus.

En association avec le poulet, à elles seules, ces petites boulettes participent à stimuler le système immunitaire, à soutenir la santé articulaire et à lutter contre le vieillissement de la fonction visuelle. De plus, elles sont particulièrement digestes. Je dirais que ce sont des petits à-côtés formidables pour les chiens qui prennent un peu d'âge. N'hésitez pas à vous laisser tenter aussi, c'est savoureux !

– Hélène

POUR 12 BOULETTES

—

Préparation : 20 minutes
Cuisson : 6 minutes

250 g de blanc de poulet
80 g de purée de potimarron, fraîche
   ou surgelée
20 g de graines de sésame
2 càs de farine
1 càs d'huile de colza ou de tournesol

Déposez le blanc de poulet dans la cuve d'un robot et mixez. Ajoutez la purée de potimarron, mixez à nouveau puis débarrassez le mélange dans un saladier.

Formez des petites boulettes en roulant la préparation entre vos mains. Si l'appareil colle un peu trop, farinez légèrement vos mains. Versez la farine dans une assiette creuse et les graines de sésame dans une autre.

Roulez chaque boulette dans la farine, tapotez pour enlever l'excédent puis roulez la boulette dans les graines de sésame. Dans une poêle, chauffez l'huile et faites-y dorer les boulettes sur toutes les faces pendant 6 minutes environ. Débarrassez-les sur du papier absorbant.

Vous pouvez servir ces boulettes tièdes ou froides.

Se conservent jusqu'à 3 jours dans un récipient hermétique, au frais.

Bouchées apaisantes aux graines de courge

POUR 20 À 30 PIÈCES

—

Préparation : 20 minutes
Cuisson : 3 à 4 heures

2 belles patates douces
2 càs de graines de courge
1 càc de curcuma moulu
le contenu d'un sachet d'infusion
    camomille
1 càs d'huile de coco, fondue

+ des emporte-pièces Halloween
(ou autre)

Bouh ! Ces bouchées moelleuses sont idéales pour les chiens un peu craintifs : elles offrent de quoi mâchouiller (et donc s'occuper) un petit moment et contiennent des ingrédients aux propriétés naturellement apaisantes. La camomille peut aider les chiens anxieux, et les graines de courge contiennent du L-tryptophane et du glutamate, qui agissent sur la production de sérotonine.

—

Préchauffez le four à 100°C (chaleur tournante) et tapissez deux plaques de cuisson de papier sulfurisé.

Brossez les patates douces, sans les éplucher. Détaillez-les en disques de 8 mm d'épaisseur. À l'aide d'un emporte-pièce ou de la pointe d'un couteau, découpez-y des formes sur le thème Halloween. Placez les disques sur les plaques de cuisson en vous assurant qu'ils ne se touchent pas.

À l'aide d'un mixeur ou d'un mortier, réduisez les graines de courge en poudre fine.

Dans un petit bol, mélangez la poudre de graines et le curcuma, la camomille et l'huile de coco. Badigeonnez cette huile sur chaque tranche de patate douce.

Faites cuire 3 à 4 heures jusqu'à ce que les disques soient bien moelleux ; prolongez la cuisson pour des friandises plus croustillantes. Pour une texture optimale, laissez-les refroidir dans le four éteint pendant quelques heures.

Conservez jusqu'à une semaine dans un récipient hermétique.

Hiver

Gaufres au magret séché

Je suis originaire des Hauts de France (plus précisément de Picardie). La pâte à gaufre, c'est sacré : c'est une préparation dont on se transmet la recette de mère en fille. Et surtout, un peu comme pour les crêpes, on a toujours appelé chez moi la première de la fournée : « la gaufre du chien » (celle qui n'était pas très jolie ou mal cuite). Alors c'était un vrai défi de penser une recette de gaufres pour chien.

Le magret de canard est là pour apporter une saveur très appétente pour votre chien. Et quitte à parler équipement de cuisine, je vous conseille les gaufriers qui se retournent : ils garantissent une cuisson uniforme des deux faces de la gaufre.

– *Hélène*

POUR 6 GAUFRES

—

Préparation : 20 minutes
Cuisson : 6 minutes

4 œufs
25 g de graisse de canard
30 cl de lait d'avoine
125 g de farine de blé T55
140 g de magret séché

+ un gaufrier

Commencez par préparer les ingrédients. Taillez le magret séché en petits morceaux. Faites fondre la graisse de canard au micro-ondes. Séparez les blancs des jaunes d'œufs.

Dans un saladier, versez la farine et formez un puits au centre. Versez-y les jaunes d'œufs et mélangez. Ajoutez progressivement le lait, puis la graisse fondue.

Montez les blancs en neige bien ferme puis incorporez-les délicatement à l'appareil. Enfin, ajoutez les morceaux de magret et mélangez brièvement à la spatule.

Préchauffez votre gaufrier puis versez-y la pâte. Faites cuire environ 5 minutes, jusqu'à ce que la gaufre soit bien dorée. Laissez refroidir les gaufres avant de servir. Elles pourront être dégustées froides ou à peine tièdes.

Les gaufres doivent être consommées dans les 24 heures.

—

Bouchées pot-au-feu

Quand Sean m'a proposé de l'accompagner dans la réalisation de ce livre de cuisine pour chiens, il m'a suggéré de m'inspirer du « pot-au-feu » pour une recette. Je le vois encore prononcer ce plat avec son accent « so charming ». Mais quelle bonne idée ! Quel mets plus délicieusement français que le pot-au-feu des longs et froids week-ends d'hiver ? Alors voici la version os et coussinet pour nos chiens.

Le temps de cuisson et le temps de gélification au frigo sont un peu longs, mais succès du goût et de la texture garanti auprès de nos chiens !

– Hélène

POUR 12 BOUCHÉES
—

Préparation : 15 minutes
Cuisson : 4 heures

> 200 g de joue de bœuf
> 1 cube de bouillon de bœuf
>   + 1 l d'eau
> 2 carottes
> 2 pommes de terre
> 1 càs d'huile de colza ou de tournesol

+ un moule os ou coussinet (ou autre)

Préchauffez le four à 160°C (chaleur tournante). Dans une cocotte bien chaude et légèrement huilée, saisissez la joue de bœuf sur toutes les faces pour la faire colorer. Diluez le cube de bouillon dans le litre d'eau puis versez sur la viande. Portez à ébullition, couvrez, et enfournez 4 heures à 160°C.

Vérifiez la cuisson au bout de 2 heures et, si nécessaire, ajoutez un peu d'eau.

Pendant ce temps, préparez les légumes. Épluchez les carottes et les pommes de terre, et taillez-les en petits cubes. Faites blanchir les cubes 5 minutes dans de l'eau bouillante. Égouttez et réservez.

Une fois que le bœuf est cuit, retirez-le délicatement de la cocotte et découpez-le en petits cubes. Mélangez les cubes de bœuf et les cubes de carottes et de pommes de terre. Filtrez le jus de cuisson et réservez-le.

Remplissez les petits moules (en silicone de préférence) avec la préparation de viande et légumes. Ajoutez un peu de jus de cuisson puis faites prendre au frais pendant 12 heures : le collagène naturellement présent dans le bœuf va raffermir les petites bouchées que vous pourrez ensuite démouler.

Conservez jusqu'à 1 semaine, au frais.

Galettes gourmandes aux légumes

PORTIONS : SELON VOS RESTES

—

Préparation : 10 minutes
Cuisson : 8 minutes par poêlée

- restes de pommes de terre (en purée, bouillies ou rôties)
- restes de légumes (carottes, navets, choux...)
- restes de viande (blanc de dinde ou poulet, jambon) (facultatif)
- 1 œuf
- un peu de farine
- huile d'olive, pour la poêle

Un repas d'exception (remplaçant le repas principal de votre chien), qui a l'avantage d'utiliser vos restes ! La plupart des légumes seront adaptés, sauf les oignons et l'ail, toxiques pour les chiens (voir page 36). Formez des portions adéquates pour votre chien et n'utilisez que le minimum d'huile pour la cuisson à la poêle. Vous pouvez ajouter des myrtilles pour un boost d'antioxydants. La plupart des chiens raffolent du sucré-salé ; d'ailleurs, leurs ancêtres et cousins consomment volontiers quelques fruits des bois lorsqu'ils sont de saison.

—

Réduisez vos pommes de terre en purée (si elles ne le sont pas déjà). Ajoutez vos restes de légumes et de viande (facultatif) et l'œuf, écrasez pour homogénéiser. Incorporez juste assez de farine pour rendre l'appareil assez ferme pour former des boules.

Formez des boules de taille adéquate puis aplatissez-les légèrement pour en faire des galettes. Mettez un tout petit peu d'huile à chauffer dans une poêle à feu doux. Poêlez quelques galettes à la fois, 3 à 4 minutes de chaque côté jusqu'à ce qu'elles soient uniformément dorées.

Laissez refroidir avant de servir.

Conservez jusqu'à 5 jours dans un récipient hermétique ou 6 mois au congélateur.

Cake festif à la dinde

POUR 2 PETITS CAKES

—

Préparation : 15 minutes
Cuisson : 1 heure

250 g de foie, cœur de bœuf, ou
  rognon, coupé en petits morceaux
500 g de blanc de dinde haché
250 g de flocons d'avoine réduits en
  poudre fine
50 g de carotte, coupée en dés
50 g de haricots verts, en tronçons
50 g d'épinards, grossièrement hachés

+ deux petits moules à cake
(ou un moule à cake 24 cm)

ASTUCE !

Si vous ne voulez pas
utiliser d'abats, remplacez-
les avec 250 g de blanc
de dinde supplémentaire
ou de la viande de bœuf
maigre hachée.

Entre la bûche, les fromages et le foie gras, la période de Noël est, pour nous humains, propice à quelques petits (gros) excès. Mais ce genre d'écarts ne serait clairement pas bon pour nos compagnons à quatre pattes ! Avec cette recette, votre chien peut se joindre aux festivités gourmandes, sans crainte : ajustez simplement ses repas habituels en fonction des tranches de cake que vous servez.

—

Préchauffez le four à 180ºC (chaleur tournante). Graissez et chemisez vos deux moules à cakes.

Dans un saladier, versez tous les ingrédients et mélangez bien. Répartissez l'appareil entre les deux moules et égalisez les surfaces.

Faites cuire les cakes 1 heure environ (selon la taille du moule) ou jusqu'à formation d'une croûte brune. Égouttez tout résidu de graisse avant de laisser refroidir. Une fois refroidi, démoulez et découpez en tranches ou morceaux.

Les cakes se conservent au réfrigérateur jusqu'à 5 jours dans un récipient hermétique. Les restes pourront être congelés. Pour congeler des portions individuelles, répartissez-les sur une plaque et laissez prendre au congélateur, puis placez dans un récipient ou un sac de congélation. Elles se conserveront jusqu'à 6 mois au congélateur.

Palets brocoli, dinde et fruits secs

POUR 20 À 30 PIÈCES
(SELON LEUR TAILLE)
—

Préparation : 15 minutes
Cuisson : 25 minutes

5 fleurettes de brocoli cru
125 g de blanc de dinde haché
120 ml de bouillon de poulet peu salé
   (ou d'eau)
100 g de fruits secs, hors raisins
   (figues, cranberry, abricots)
1 càs d'huile d'olive
1 œuf
400 g de farine de blé complet, plus
   un peu pour le plan de travail
1/2 sachet de levure chimique

+ un emporte-pièce rond

La viande de dinde s'associe merveilleusement bien aux fruits secs... et les chiens aussi raffolent de ces saveurs sucrées-salées.

Le blanc de dinde est une excellente source de protéines maigres et de tryptophane, un acide aminé que les chiens convertissent en sérotonine : l'hormone du bonheur. Entre l'animation et les visites, la période de Noël peut être anxiogène pour certains chiens ; la viande de dinde peut alors s'avérer bénéfique.

S'il vous reste de la dinde cuite, émiettez les morceaux maigres pour les utiliser dans cette recette.

—

Préchauffez le four à 180ºC (chaleur tournante) et tapissez deux plaques de cuisson de papier sulfurisé.

Dans le bol d'un mixeur, hachez finement le brocoli. Ajoutez-y le blanc de dinde, le bouillon (ou l'eau), les fruits secs, l'huile et l'œuf et mixez jusqu'à obtention d'un mélange lisse.

Dans un saladier, mélangez la farine et la levure. Formez un puits au centre, ajoutez-y l'appareil précédent et mélangez pour obtenir une pâte ferme.

Sur un plan de travail légèrement fariné, étalez la pâte sur une épaisseur d'environ 12 mm. À l'aide de l'emporte-pièce, détaillez des biscuits et placez-les sur les plaques de cuisson.

Faites cuire 20 à 25 minutes ou jusqu'à ce qu'ils soient dorés (les plus épais auront besoin d'un peu plus de temps). Laissez refroidir sur une grille avant de servir.

Ces palets se conservent jusqu'à une semaine au réfrigérateur dans un récipient hermétique, ou 6 mois au congélateur.

Carrés cacahuète, caroube, gingembre

POUR 20 CARRÉS

—

Préparation : 15 minutes
Cuisson : 15 minutes

1 banane très mûre
100 g de beurre de cacahuètes
1 càc d'huile de coco, fondue
    (facultatif)
240 g de farine de blé complet
1 càc de gingembre moulu
30 g de poudre de caroube
1 œuf, battu

+ un moule carré de 20 cm

IMPORTANT !

Si les enfants sont en cuisine, assurez-vous qu'ils n'utilisent pas du cacao à la place de la poudre de caroube !

Votre chien vous fait les yeux doux quand vous croquez dans du chocolat ? Ne cédez pas : le chocolat est toxique pour les chiens. Pour autant, ils ont aussi droit à leurs douceurs sucrées. Vous trouverez dans les magasins bio de la caroube, une alternative au chocolat qui, associée au beurre de cacahuètes, est très appétente.

—

Préchauffez le four à 200°C (chaleur tournante) et tapissez le moule de papier sulfurisé.

Dans le bol d'un mixeur, réduisez la banane en purée. Ajoutez le beurre de cacahuètes et mixez jusqu'à obtention d'un mélange lisse et crémeux. Si besoin, ajoutez l'huile de coco ou un peu d'eau bouillante pour fluidifier l'appareil.

Ajoutez la farine, le gingembre et la caroube. Mixez et ajoutez l'œuf. Mélangez bien, versez l'appareil dans le moule et égalisez la surface.

Faites cuire 15 minutes ou jusqu'à ce que le dessus commence à foncer. Laissez refroidir dans le moule puis retournez sur une planche et découpez en bouchées à l'aide d'une roulette à pizza ou d'un couteau.

Ces carrés se conservent jusqu'à une semaine dans un récipient hermétique.

Gâteau d'anniversaire banane-cacahuètes

J'ai toujours été touchée par mes amis ou mes sœurs qui, pour l'anniversaire de leurs enfants, confectionnent des gâteaux très élaborés, avec des idées de décorations ou de thèmes tous plus originaux les uns que les autres.

Je n'ai pas d'enfant, mais j'ai Colonel, et j'ai eu envie de me lancer dans cette aventure du « Birthday Cake » instagrammable ! Et, ne nous mentons pas, nous fêtons tous, d'une façon ou d'une autre, l'anniversaire de notre chien !

Pour la décoration, je ne suis pas sûre que Colonel y ait été très sensible, en tout cas, il a découvert à cette occasion le beurre de cacahuètes (sans sucre ajouté bien sûr). Merci Sean de m'avoir soufflé l'idée de cet ingrédient plus anglo-saxon que français, Colonel s'en lèche encore les babines (avec modération).

– *Hélène*

POUR 1 GÂTEAU / DIAMÈTRE 16 CM

—

Préparation : 35 minutes
Cuisson : 30 minutes

300 g de farine de blé T55
11 g de levure chimique
125 g de yaourt au lait de coco
13 cl d'huile de coco
2 bananes
2 g de cannelle en poudre
4 œufs

POUR LE GLAÇAGE
300 g de beurre de cacahuètes
200 g de yaourt au lait de coco

POUR LES BISCUITS DÉCOR
70 g de farine de blé T55
45 g de farine de maïs
20 g de quinoa soufflé
125 g de beurre de cacahuètes
1 œuf
6 cl d'eau

+ un moule à gâteau rond de 16 à 18 cm

Suite →

Préchauffez le four à 180ºC (chaleur tournante) et huilez le moule à gâteau.

Écrasez les bananes à la fourchette. Mélangez la farine, la levure et la cannelle dans un saladier.

Dans un autre saladier, mélangez le yaourt, les œufs, l'huile de coco et les bananes écrasées.

Verser le mélange farine-levure-cannelle dans cette préparation et mélangez à nouveau.

Versez l'appareil à gâteau dans le moule et faites cuire 30 minutes à 180ºC. Laissez refroidir entièrement sur une grille.

N'éteignez pas le four, il vous servira pour les biscuits décor.

LE GLAÇAGE

Fouettez le beurre de cacahuètes avec le yaourt coco au batteur électrique, jusqu'à obtenir une crème lisse et soyeuse. Réservez.

LES BISCUITS DÉCOR

Mélangez les farines et le quinoa soufflé dans un bol.

Dans un saladier à part, mélangez le beurre de cacahuètes, l'œuf et l'eau, puis versez-y le mélange farines-quinoa. Mélangez bien le tout pour obtenir une pâte assez épaisse.

Pressez cette pâte dans des petits moules « os » en silicone et enfournez à 180ºC pendant 20 minutes. Laissez refroidir sur une grille.

LE DRESSAGE

Attendez que le gâteau soit bien refroidi pour étaler le glaçage à l'aide d'une petite spatule. Collez les biscuits sur le dessus en appuyant légèrement.

Réservez le gâteau au frais avant de servir.

Se conserve jusqu'à 3 jours au frais.

Dispensaire
Vétérinaire
Étudiant

Les bénéfices de ce livre seront versés au Dispensaire Vétérinaire Étudiant de Lyon (D.V.E.L). Cette association vient en aide aux personnes sans-abri et à leurs animaux en soignant ces derniers dans des lieux dédiés, en sensibilisant les travailleurs sociaux et le grand public à l'importance de ses actions.

Nous avons le privilège d'avoir accès à une cuisine ; et nos chiens vont pouvoir se régaler de friandises de qualité avec ce livre. Mais nous voulons que *Babines en cuisine* profite aussi à ceux n'ayant pas cette chance ; voire encore moins, celle d'un toit sous lequel dormir. Saviez-vous que la plupart des structures d'accueil ne disposent que d'un nombre infime de places pour les personnes accompagnées de leur animal ? Le D.V.E.L vise à prendre en charge le duo Homme-chien, avec la certitude qu'il est possible de réinsérer socialement les personnes marginalisées, via leur animal. C'est un honneur pour nous de pouvoir soutenir l'organisation qui, depuis plusieurs années, effectue un formidable travail auprès des personnes en grande précarité et leurs compagnons à quatre pattes.

Pour plus d'informations, rendez-vous sur : dvel.fr

Instagram : dispensaire.veto.etudiant

Facebook : Dispensaire Vétérinaire Étudiant de Lyon

Association loi 1901